没有教不好的孩子 只有不会教的父母

这样定规矩，孩子不会抵触

马利琴 ◎ 著

沈阳出版发行集团
沈阳出版社

图书在版编目（CIP）数据

没有教不好的孩子，只有不会教的父母：这样定规矩，孩子不会抵触 / 马利琴著 . —沈阳：沈阳出版社，2017.8
　ISBN 978-7-5441-8618-6

Ⅰ . ①没… Ⅱ . ①马… Ⅲ . ①家庭教育 Ⅳ . ① G78

中国版本图书馆 CIP 数据核字（2017）第 213807 号

出版发行：	沈阳出版发行集团｜沈阳出版社
	（地址：沈阳市沈河区南翰林路 10 号　邮编：110011）
网　　址：	http://www.sycbs.com
印　　刷：	三河市长城印刷有限公司
幅面尺寸：	170mm×240mm
印　　张：	16
字　　数：	220 千字
出版时间：	2017 年 11 月第 1 版
印刷时间：	2018 年 12 月第 2 次印刷
选题策划：	郑　为
出版策划：	沐文文化
责任编辑：	王冬梅
特约编辑：	张京京　王　雪
封面设计：	A BOOK STUDIO 萝卜Design 1092801781
版式设计：	九章文化
责任校对：	雨　山
责任监印：	杨　旭

书　　号：ISBN 978-7-5441-8618-6
定　　价：39.80 元

联系电话：024-24112447
E-mail：sy24112447@163.com

本书若有印装质量问题，影响阅读，请与出版社联系调换。

前言 PREFACE

从老虎咬人说起……

2016年7月23日下午,在北京八达岭野生动物园,出现了一幕令人叹息的悲剧。一位女士不顾园内标语的警告,私自下车,被老虎拖走。其母第一时间下车,去救自己的女儿,结果命丧虎口。女儿虽然捡回一条命,可是却留下了终身难以痊愈的重伤。

这条血淋淋的新闻一经报道,顿时成为热点话题,每一个得知消息、看到视频的人都感到毛骨悚然。在这里,我们可以说这位任性的女子咎由自取,可以为那位挺身而出拯救自己女儿的母亲肃然起敬,但是,更值得我们深思和质疑的,其实是老母亲对女儿的家庭教育出现了问题——遵守规则的意识淡薄。

规矩,是一个老掉牙的话题,从古至今都没有脱离我们的视线。世界上如果有什么东西比老虎更可怕,那一定是人们对规则的蔑视。开门下车的女子,正是因为不守规则才遭遇如此惊险的一幕。

没有人愿意被规则约束,都喜欢无拘无束地成长,但是身为父母,我们一定要告诉孩子:有些规矩,不但没有限制你的自由,实际上还是对你的一种保护。

天下父母,没有不爱自己孩子的。可是,如何爱,却非常值得我们认真思考。其中，让孩子懂规矩、守规矩，就是爱孩子的一种体现。

在孩子的成长过程中，父母在给孩子提供富足的生活、培养好性格的同时，也不要忘了教他们树立正确的规则意识：在家要遵守家里的规矩、在学校要遵守学校的规矩、在公共场合要遵守公共场合的规矩……一旦因为不守规则而出现意外，很有可能让孩子身处险境，甚至危及生命。

孩子从出生的那一刻起，父母就要有意识地给孩子建立规则。随着孩子年龄的增长，当他们拥有了沟通能力后，更要明确地给他们立下规矩，告诉他们什么事情可以做，什么事情不能做。

在这本书中，作者不仅阐述了不遵守规矩造成的恶果，还深入剖析了孩子不愿意遵守规矩的原因，以及不同场合孩子应该遵守哪些规矩。本书虽然做不到面面俱到，但作者极力将要点进行总结和概括，希望用心的父母读后可以得到新的启示。

教育孩子是我们一生的事业，引导孩子是我们毕生的工作，让我们一起为孩子的健康成长努力！

目录
CONTENTS

Part 1　孩子懂规矩、守规矩，比考100分更重要　　001

要点1：告诉孩子，不遵守规矩可能引发的后果　　002
　　后果一：做事不守规矩，最终吃亏的只能是自己
　　后果二：重复违规的后果，让孩子提高安全意识

要点2：正确的规则能养成好习惯，规律地生活　　006
　　方法一：好的开始，等于成功了一半
　　方法二：不妨把守规矩和玩游戏有效地结合起来

要点3：培养规矩意识，孩子可以更好地自律　　010
　　方法一：给孩子定规矩要明确，不能模棱两可
　　方法二：规矩绝对不能朝令夕改

要点4：规则，是安全和危险的界线　　014
　　方法一：适当设限，让规则来保护孩子的自由
　　方法二：别指望孩子一两次就能记住并遵守规则

要点5：越早培养孩子的规则意识越好　　018
　　方法一：不娇惯孩子，建立的规则一定要正确
　　方法二：规矩的执行离不开自制力的培养

要点6：正确认识规则：它不是束缚孩子的绳索　　022
　　方法一：规矩越简单明了，孩子越容易接受
　　方法二：大的抓紧，小的放松

本章小结　　026

- Part 2　了解孩子不愿意守规矩的原因　　　　　　　　027

  原因 1：表达能力有限，容易做些出格的行为　　　　028
  　　　方法一：弄清楚孩子出格的意图
  　　　方法二：主动聆听孩子的想法

  原因 2：为了引起父母的注意，做出让父母不满的事　032
  　　　方法一：孩子故意犯错，父母要仔细分析
  　　　方法二：让孩子学会反思，想明白到底自己错在哪儿

  原因 3：尝到"耍赖"的甜头，就会一犯再犯　　　　　037
  　　　方法一：对于孩子不合理的要求，一定不能心软、纵容
  　　　方法二：打消孩子在公共场合胡闹的想法

  原因 4：给孩子立的规矩，父母也要以身作则　　　　　041
  　　　方法一：只有父母做好，孩子才有可能做到
  　　　方法二：规矩重要，更不能忽视父母的言传身教

  原因 5：父母的无条件满足，是孩子违规的一大诱因　　045
  　　　方法一：父母逾越规矩的关心不是爱，而是害
  　　　方法二：把握好原则和底线，做好监督工作

  原因 6：定好的规矩，家长对待太随意　　　　　　　　048
  　　　方法一：父母言而有信，言出必行
  　　　方法二：对待规矩要有敬畏心理

- 本章小结　　　　　　　　　　　　　　　　　　　　　052

- Part 3　给孩子制定规矩，越关注细节，效果越好　　　053

  细节 1：立规矩前要做足准备，现学现卖，孩子会抵触　054
  　　　方法一：多带孩子到特定的场合去体验规矩
  　　　方法二：规矩不是父母说、孩子听，彼此间要学会沟通

细节 2：根据孩子的年龄制定规矩，对症下药   058
    方法一：孩子年龄不同，给他们定规矩的标准不同
    方法二：懂点儿童心理学，给孩子定规矩更轻松

细节 3：笼统模糊的规矩会让孩子感到无所适从   063
    方法一：对孩子的要求一定要清晰、具体
    方法二：在问题出现前准备好应对措施，才能避免尴尬

细节 4：规矩的制定要因人而异，不能随大溜   067
    方法一：弄清孩子的性格，制定相应的规矩
    方法二：要求孩子时，要建立在他们的兴趣爱好之上

细节 5：鼓励孩子参与规矩的制定   071
    方法一：与孩子平等协商
    方法二：可以采取家庭会议的形式

细节 6：赋予孩子一定的权利，是他们遵守规矩的契机   076
    方法一：父母的信任是孩子做事的动力
    方法二：不要扼杀孩子尽情表达自己想法的机会

- **本章小结**   080

- **Part 4　教孩子守规矩，从家庭生活开始**   081

场景 1：百善孝为先   082
  ◎"我不想和奶奶聊天"——引导孩子主动关心老人
    方法一：家庭守则第一条——尊老爱幼
    方法二：让孩子做力所能及的事，为老人排忧解难

场景 2：穿衣   087
  ◎"反正慢点也不耽误"——拒绝拖拉，做事要讲效率
    方法一：将穿衣的方法告诉孩子

　　　　方法二：鼓励孩子自己动手穿衣服

◎ "外人又不来，弄好给谁看"——保持房间整洁，

　不凌乱

　　　　方法一：唤醒孩子的自理意识

　　　　方法二：及时提供必要的帮助

场景 3：吃饭 094

◎ "都是家里人，不用客气"——尽量等家人坐齐了

　再吃饭

　　　　方法一：发现问题，及时给孩子提出来

　　　　方法二：通过图书等资料引导孩子懂得吃饭礼仪

◎ "将那个盘子挪过来"——饭桌上，不要翻遍所有盘子

　　　　方法一：教育孩子最难的是家人思想上要达成一致

　　　　方法二：对孩子的改变要及时做出反馈

场景 4：午休 101

◎ "动画片还没看完呢"——时间到了，按时睡

　　　　方法一：合理安排孩子睡觉的时间

　　　　方法二：孩子入睡前，家长要充分准备

◎ "我睡不着，想听儿歌"——睡不着，也要做到不打扰

　别人

　　　　方法一：孩子不想午睡，告诉他不能打扰别人

　　　　方法二：帮助孩子找点事情打发午睡时间

场景 5：整理 107

◎ "来，咱们收拾一下"——自己的东西一定要自己收拾

　　　　方法一：给孩子找个学习的好榜样

　　　　方法二：一同建立规则，孩子才能自主做事

◎ "书从哪儿拿的放回到哪儿去"——教孩子把东西放回

　原位

　　　　方法一：父母生活井然有序，孩子也不会差得离谱

　　　　方法二：遵守图书馆等公共场合的规则

场景 6：说话   114

◎ "怎么不关门"——在屋里谈话，记得关上门
       方法一：有理不在声高，不要当着孩子的面大声说话
       方法二：奖励很重要，惩罚也不能少

◎ "小声点"——在公共场所说话不要大嗓门
       方法一：善意地提醒
       方法二：暂时带孩子离开

场景 7：出门   121

◎ "妈，我到同学家玩去了"——出门时必须告诉父母
       方法一：出门、回家打招呼，习惯成自然
       方法二：增强家的"吸引力"，孩子才能放学按时回家

◎ "出门前，再照一照"——衣冠要整洁，维护好自身形象
       方法一：家里放一块衣冠镜
       方法二：在门上贴一个"出门前守则"

● **本章小结**   128

● **Part 5   遵守学校规章制度，学习成长两不误**   129

场景 1：上学   130

◎ "我的红领巾在这儿呢"——配合值周生的检查，不推诿
       方法一：让孩子用积极的心态去面对
       方法二：父母一定要信任和支持孩子

场景 2：课前   134

◎ "这是我的作业"——按时交前一天的作业
       方法一：进教室第一时间把作业交给课代表

　　　　方法二：检查孩子的作业，做好保障工作

◎ "下节课是数学课，把课本拿出来"——做好上课前的

　准备

　　　　方法一：准备好课前学习用品

　　　　方法二：做好生理和心理准备

场景 3：课中　　　　　　　　　　　　　　　　　　　　140

◎ "谁的小纸条"——认真听讲，不捣乱

　　　　方法一：跟着老师的思路走

　　　　方法二：集中注意力，兴趣是关键

◎ "一共才三道题，不算多"——认真对待课堂练习，

　不偷懒

　　　　方法一：课堂练习，要明确目标

　　　　方法二：引导孩子认真做好，不会就问

场景 4：课间　　　　　　　　　　　　　　　　　　　　145

◎ "不要在桌上踩"——爱护学校公物，不乱踩

　　　　方法一：爱护公物的重要性

　　　　方法二：同学之间彼此监督

◎ "下楼梯，慢点"——和同学打闹要有度

　　　　方法一：给孩子看一些相关新闻报道

　　　　方法二：与老师的沟通要保持顺畅

场景 5：上副科课　　　　　　　　　　　　　　　　　　151

◎ "老师好"——尊重、问候副科老师

　　　　方法一：对副科老师也要有礼貌

　　　　方法二：让孩子知道，副科老师也可以当最可亲的朋友

◎ "老师，您看我这样做对不对"——积极配合老师

　　　　方法一：孩子感兴趣的科目，积极表现

　　　　方法二：主动让孩子为老师提供帮助

场景 6：活动   158

◎ "我想学跳绳"——积极参与学校的活动
        方法一：孩子感兴趣的活动，鼓励他参与
        方法二：不要给孩子泼冷水

◎ "老师，我觉得……更好一些"——主动给老师献计献策
        方法一：用心交流，积极地情感互动
        方法二：培养孩子的自信心

- **本章小结**   164

- **Part 6　公共场所的规则照样不能忽视**   165

 场景 1：游乐场   166

◎ "队伍好长呀"——主动排队，不插队
        方法一：换位思考，增强孩子的排队意识
        方法二：用儿歌的形式让孩子记住一些规则

◎ "海盗船，我只坐中间"——选择适合孩子的游戏玩
        方法一：与孩子"约法三章"
        方法二：选择安全的儿童游乐设备

场景 2：动物园   173

◎ "妈妈，等等我"——跟紧爸爸妈妈，不乱跑
        方法一：孩子想干什么要跟父母说一声
        方法二：父母把主要精力放在看护孩子上

◎ "我想下车看老虎"——面对凶猛动物，采取安全措施
        方法一：提高警惕，不主动招惹小动物
        方法二：禁止孩子攀爬围栏

场景3：电影院   179

◎ "小声点"——悄声说话，不喧哗
    方法一：提前给孩子说好"看电影要保持安静"
    方法二：不要在放映厅对孩子发脾气

◎ "哎呀，谁踩我脚了"——散场后有秩序离开，不逗留
    方法一：跟前边的人保持一定的距离
    方法二：散场后不要着急，有秩序离开

场景4：火车   185

◎ "好舒服啊"——乘火车要坐好，不能东倒西歪
    方法一：尽量购买卧铺票
    方法二：孩子上厕所，父母要陪同

◎ "别说了"——休息时保持安静
    方法一：乘车时跟大家保持节奏一致
    方法二：给孩子带几本有趣的书

场景5：飞机   191

◎ "阿姨，请你帮我……"——尊重空乘人员
    方法一：不要对空乘呼来喝去
    方法二：摘掉有色眼镜，平等地交谈

◎ "我要两份餐"——能吃多少点多少
    方法一：提前问好儿童餐内容，不合孩子胃口不要点
    方法二：登机前给孩子备下一些他们爱吃的东西

• **本章小结**   197

• **Part 7   有效执行，规矩的设定效果好**   199

要点1：孩子年龄小，家长要加强引导   200
    方法一：孩子犯错，父母一定要先冷静下来
    方法二：与孩子沟通，不要唠唠叨叨

要点 2：知道了违规的后果，孩子自然会重视   205
         方法一：告诉孩子违规都有什么后果
         方法二：给孩子看些违规后果的视频

要点 3：孩子做得好，就要多鼓励多表扬   209
         方法一：物质上的表扬鼓励
         方法二：对孩子的夸赞不局限于口头表扬

要点 4：让孩子做有限的选择，效果好   213
         方法一：提前告知
         方法二：恰当选择

要点 5：规矩的执行需要全家人一起努力   218
         方法一：惩罚不是目的，惩罚措施可以是积极有意义的
         方法二：规则执行受到来自老人的阻碍时，智慧地解决

- **本章小结**   222

- **Part 8　不要走入规矩制定和执行的误区**   223

误区 1：小孩不守规矩很正常，应该多一些宽容   224
         方法一：弄清楚孩子不良行为形成的原因
         方法二：坚守爱与坚持的原则

误区 2：孩子还小，没关系，长大自然就好了   228
         方法一：不要在该给孩子立规矩的时候选择放纵
         方法二：给孩子立规矩，最晚从 2 岁时开始

误区 3：只有言教无需身教，孩子慢慢就学会了   232
         方法一：在生活中严格要求自己
         方法二：只有正己，才能化人

误区 4：为了取悦孩子，牺牲规则　　　　　　　　　　　　236
　　　方法一：即使再爱孩子，也要让孩子守规矩
　　　方法二：尊重孩子的想法和选择

- **本章小结**　　　　　　　　　　　　　　　　　　　　　240

Part 1
孩子懂规矩、守规矩，比考100分更重要

没有教不好的孩子，只有不会教的父母：
这样定规矩，孩子不会抵触

要点 1：告诉孩子，不遵守规矩可能引发的后果

很多时候，孩子不喜欢遵守某条规则，重要的一个原因就是，他们不知道不按照规矩做事的后果是什么。正是对后果的无知，导致很多孩子做事时随性而为、不计后果，结果自然很可能会触及规则的底线，继而伤害到自己。

彤彤是个聪明活泼的小姑娘，今年7岁，正上小学一年级。她喜欢数学，每次数学考试成绩都不错，小脑瓜儿里还经常会冒出一些跟数学有关的问题。美中不足的是，彤彤渐渐养成了一个坏毛病，就是上数学课的时候，她自以为成绩好，于是上课不注意听讲，老师批评她，她也满不在乎。

有一天，妈妈接彤彤放学。过马路的时候正巧黄灯亮了，妈妈便拉着她停下来，准备等下一个绿灯。可是，看到有些人依然大摇大摆走过了斑马线，彤彤便挣脱了妈妈的手，快步跟了上去。

走到路中间的时候，一辆白色的私家车飞驰而过，幸亏司机发现得早，及时踩下了刹车。妈妈看在眼里，一阵后怕，赶紧小跑过去，把彤彤拉了回来。可是彤彤扭头看看妈妈，不仅没有认识到自己的错误，还冲妈妈微微一笑。

谁知妈妈一只手拉着她的胳膊，另一只手狠狠朝她后背打了一巴掌，耷拉着脸说："你没看到变灯了呀！跟你说过多少回'红灯停，绿灯行'，你怎么就记不住呢，还一个劲儿往前冲！"

妈妈这一巴掌显然是下手重了，彤彤的眼泪扑簌簌流下来。妈妈接着说："这一巴掌算轻的，下次要是再不懂得遵守交通规则，闯红灯，可不会像今天似的，人家刹车及时，到时候你不是被撞飞就是直接躺到车底下了，

疼？哭？命都没了！"

虽然我们不提倡动手打孩子，可是，对于孩子做出危及生命的莽撞行为，很少有父母能够淡定。况且孩子年龄小，阅历有限，很多时候都会依着自己的性子来，但是后果往往让父母非常头疼，比如：上课不认真听讲，课后作业就无法完成；吃东西总是狼吞虎咽，养成习惯后，吃鱼的时候就很可能会被鱼刺扎伤……因此，如果想让孩子按照规则做事，不仅要告诉他们为什么，还要将不遵守规则可能引发的后果告诉他们。

只有让孩子意识到后果的可怕，他们才会对规矩有所敬畏，不敢再由着自己的性子去做事。

后果一：做事不守规矩，最终吃亏的只能是自己

星期天，我和女儿打算去图书馆。出门前，女儿建议我："妈，这次咱们坐公交车去吧，很长时间没坐了。"我想了想，确实，平时出门不是打车就是自己开车，听女儿这么一说，我还真有些怀念坐公交车的日子。于是，我找了点儿零钱，收拾妥当，跟女儿一起到小区门口的车站等公交车。当我和女儿到车站时，已经有很多人在这里等了。

很快，公交车来了，刚一进站停下，人们蜂拥而上，唯恐自己上不去。我们小区这一站并不是公交车的首发站，车上早已坐满了乘客，尽管知道上车了也没有座位，有些人还是会使劲往上挤。看到他们这个样子，女儿眼睛瞪得大大的："他们为什么不按秩序排队上车呢？这么着，谁也不容易上去，还耽误时间。"我知道，我和女儿是没有这股劲儿的，决定等下一辆车。

这时，从不远处跑来一个年轻人，挤进人群，蹿到了公交车门的旁边，使劲推正在上车的人往里挤，试图早一步上车。见此情景，我和女儿相视一笑。就在我们重新将目光投向车门前的人群时，一个人从车门口掉了下来，打了个趔趄，然后坐在了地上。不是别人，正是刚才那个年轻人。周边的人看到后，

纷纷后退，怕不小心一脚踩到他身上去。

年轻人站起来，破口大骂："刚才是谁推我来着，给我站出来！"说着，他扒开前面的人，打算再次挤上车。可是，这时候，车门已经缓缓关上，年轻人被关在了门外。没办法，他只能扭头向后走，寻找刚才上车时推自己下车的人："有种你下来……"车上一个靠窗户站的大个子向他伸出拳头，摆出击打的样子。年轻人虽然骂骂咧咧，但是车慢慢驶出公交站，越来越远，他只得作罢。

女儿撇撇嘴，小声对我说："这个人真是自讨苦吃。本来就是最后一个来的，非要往前挤，让人推下来了吧。他插队、扒拉别人，就没想过别人也对他不满；这倒好，遇到一个比他脾气还暴的人，把他推下来了，结果他不但没意识到自己的问题，还怪起别人来了。"

"这你都看出来了？"

女儿说："这不明摆着么，一物降一物。他觉得自己厉害，可还有比他更厉害的；他不跟别人讲理，还有人比他更不讲理……遇到这样的人，他绝对要吃亏呀。"

排队等车、上车，本来是一件很简单的事情，只要大家自觉遵守秩序，按照先后顺序排队上车，所有的冲突、矛盾就不会出现。

可见，每件事情的完成都有一定的规则或步骤，按照这些规则和步骤来进行，效率就会提高很多；反之，就会事倍功半，严重的情况下，甚至还会引起公愤。

后果二：重复违规的后果，让孩子提高安全意识

父母之所以给孩子制定规则，其目的主要是为了保证孩子的安全。这并不是危言耸听，因为一旦违反规则或者忽视规则，孩子的生命安全就很有可能受到威胁。

两三岁的时候，女儿也像其他孩子一样，对家里所有的东西都感到好奇，只要是她能碰到的，都想摸一摸。为了孩子的安全，我总会有意把带棱角的东西，或者水果刀、热水瓶之类的危险品，都挪到了高处，想着这样一来她就碰不着了。

可是，有一天，我无意中发现她居然拿着自己的玩具台球杆插进了墙上的

电源孔里。看到女儿的这种行为，我心中猛地一惊，迅速将她抱走，情急之下我冲她喊："里面有电，不能碰！"女儿本来想捅这个插孔玩儿却没玩儿上，再加上我的声音可能有些大，就被吓哭了。我一边安慰她，一边自责：当初装修房子的时候，怎么就没考虑到这一点呢？当时怎么就没把电源孔的位置做高一点儿，或者设置得隐秘一点儿呢？

既然现实情况已经如此，电源孔不能挪动，怎么办？只能提醒女儿了。之后，我便从网上搜索安全方面的绘本，发现《歪歪兔安全习惯系列》丛书里有一本针对触电问题的书，叫《小黑洞里是什么》。于是我把这套丛书买回来，一边给女儿讲书里的故事，一边将触电的危害性告诉她。反复讲了几遍之后，女儿就记住了，每次问她为什么不能抠电源孔时，她都会表情严肃地讲几个关键词出来，比如疼、着火……

电，每个孩子成长过程中都会遇到，尤其是年幼的孩子，会对电源孔产生兴趣。作为成年人，我们知道那是非常危险的，当注意到孩子对电源孔产生好奇时，就应该适时地告诉他们，什么是电，触电之后可能会产生什么样的危险，以及如何防止触电等。

或许有的父母认为孩子还小，即使告诉他们某件事该怎么做，他们也不能完全理解，比如：告诉他们喝粥的时候要先吹一吹、晾一晾，但他们下次喝粥时还是会被烫到；告诉他们玩玩具的时候不要接触有棱角的，可下次他们还是容易被划伤……为什么？因为你只告诉他们要怎么做，并没有告诉他们不这么做的后果。所以说，如果想加深孩子的理解，要在教育的同时将后果告诉他们：不等吹凉就喝粥容易被烫着，会很疼；带棱角的玩具容易把你划伤……将可能发生的危险告诉孩子，并多重复几次，他们自然就知道不遵守父母说的规则会让自己受伤。

要点 2：正确的规则能养成好习惯，规律地生活

日常生活中，一定要让孩子多观察、思考和学习各种规则，因为对规则的熟悉会提高他们的安全意识，并且遵守某项规则，时间一长就会养成习惯，这种重复性的、有规律的生活会让孩子获得安全感。反过来说，只要孩子能从遵守规则中受益，就会不知不觉认真执行了。

李梅有两个孩子，大儿子4岁，小儿子2岁半。李梅家条件很一般，又有两个儿子，很多人看着都觉得她压力大。起初每次一提到这些，李梅都会笑呵呵地说："给孩子留个伴儿，最多就是大人累一点儿！"可是，这两年李梅彻底认识到，一个人带两个孩子，岂止是累一点儿半点儿啊？除了每天忙活孩子们的吃、穿，还要花心思管教他们。

为了让孩子养成好习惯，大儿子从小就被李梅放在宝宝椅上吃饭，慢慢养成了习惯，现在只要一到吃饭的时间，不用李梅提醒，他都会主动坐到自己的椅子上。可是，小儿子就完全不同了，不管怎么样，他吃饭都坐不住，为了不让他饿着，李梅想尽一切办法哄他吃，比如："乖，今天的饭特别好吃，快点儿，如果你不吃，一会儿哥哥就都吃完了。"如果他还是不听，跑来跑去，李梅没办法，就端着饭碗追着他喂。每次小儿子都一边跑一边笑，总觉得妈妈在逗着他玩儿。看着淘气的小儿子，李梅着实头疼，她的耐性渐渐被磨没了，脾气一天比一天暴躁。

通过李梅的两个孩子，我们可以发现，只要孩子遵循规矩，就可以养成良

好的生活习惯；反之，生活就会变得毫无章法。这个时候，就需要父母率先做好样子给孩子看，如果说你要求孩子几点睡觉，可到时间了，你还在看电视，孩子怎么可能遵照你的规定去睡觉呢？这种情况下，父母与其喊破嗓子，不如自己先做出样子，按照制定的规则来，孩子耳濡目染，渐渐地就能形成习惯了。

方法一：好的开始，等于成功了一半

一位德国学者曾做过这样一个试验：让一个人在一天的不同时间段连续骑自行车，每小时记录一下他骑踏的次数。结果发现，他骑踏次数最多的是上午9点到10点、下午7点到8点。由此可以看出，我们的活动都有一定的规律，如同音乐的节奏，有快有慢。对孩子来说，如果从小就过着有规律的生活，那么将来他的生活节奏就会是有条不紊的。

在女儿上小学开学的前一天，我对她提出了要求，其中一项就是要主动跟学校的门卫叔叔打招呼。进校门，要问"叔叔好"；放学，要说"叔叔再见"。女儿很乖，同意了我提出的这个要求。

第二天一早，女儿早早就起床，吃过早饭，收拾好书包之后，我送她去上学。我们到学校门口的时候，校门已经打开，门卫在不远处站着，迎接进校的学生。我提醒女儿，一定要记住该怎么说。女儿点点头，靠近门卫的时候，大胆喊了一声"叔叔好"。

门卫看到我们是生面孔，笑着说："你好！你是一年级的新生吧？快进去吧，一楼，紧挨着大厅的那个教室就是。"

我冲门卫笑了笑，领着女儿朝教室走去。女儿微微歪头，对我说："妈妈，门卫叔叔怎么知道我是一年级的新生呢？"

"他看你这么主动又有礼貌地打招呼，猜到的呀。你看，主动打招呼不错吧，他还告诉你一年级教室在哪里，这样就用不着向别人打听了。"对于这个小小的收获，女儿心满意足。

一个好的开头，等于成功了一半。这一点同样适用于给孩子确立规矩。不管做什么事情，孩子第一次做的时候，都要告诉他们做这件事情所要遵循的规则，必要时进行积极的引导，帮他们开一个好头。事实证明，坏习惯一旦养成，改正起来，就需要花费更多的时间和精力。

方法二：不妨把守规矩和玩游戏有效地结合起来

去年夏天的一个傍晚，我从外面回到小区的时候，看到我妈正坐在小区广场跟一帮老头老太太聊天。我过去跟他们打招呼，之后便将目光落在了不远处正在玩耍的孩子们身上。

我数了数，一共有7个孩子。其中一个坐在小区的公共凳子上，似乎在给"病人"看病，只不过这里的"病人"是孩子们的玩具罢了。还有一个站在队伍的前面，看上去应该是护士，正招呼大家按秩序排好队。剩下的5个，一看就知道是"病人"家属了，因为他们每个人怀里都抱着一个"病人"。

我女儿抱着她心爱的布偶乌龟，排在第三的位置上。她扭头看到我，冲我微微一笑。

这时，"护士"高喊一声："下一个。"排在最前面的孩子便抱着自己的布偶朝前挪动了脚步，谁知排在队尾的小男孩儿冲了过来，说："我先看！"其他孩子有些生气："不能插队！""不害臊！""如果这样，我们就不跟你玩了！"……小男孩儿看到小伙伴们都不高兴了，只好返回到自己的位置上去。虽然这只是一个小插曲，但是看着后来其他孩子们一个个露出天真的笑，我也不禁替他们感到高兴。

与此同时，我也领悟了一点，那就是将游戏与对孩子的教育结合起来。单纯的说教对孩子来说是枯燥乏味的，而游戏却是每个孩子都喜欢的一项活动，比如踢毽子、过家家等，都能极大地调动起孩子的兴趣。这时，将规则融入到游戏中，就能让孩子一边玩游戏，一边学习一些为人处世的规则。

不要觉得孩子只是在玩游戏，就像上面的这个例子一样，当孩子们在玩"看病"游戏的时候，也就掌握了到医院看病要排队的规则，以此类推，遇到其他需要排队的情况时，也会规规矩矩地排队等候。由此看来，用游戏的方法引导孩子遵循一定的规则，远比说教的效果要好很多。

　　尤其是年龄还小的孩子，告诉他们遵守规则的道理，一般他们都有些难以理解，这种时候父母不妨用玩游戏的方法引导他们去体会规则的意义，让他们知道，如果自己不守规则会出现什么样的状况，以及如果大家都没有规则意识，做事情就会遇到很多障碍，无法顺利进行。

要点 3：培养规矩意识，孩子可以更好地自律

随着孩子渐渐长大，父母可以让他们尝试着理解别人对他们的期待，让他们运用自己的方式去跟别人友好相处，以及在做一件事情时，究竟做到什么程度，做得过头了会发生什么状况……总之，让他们在生活实践中去衡量自己，并不断增长技巧和能力。

从"学习"到"发现"的过程中，规则发挥着极其重要的作用。一个当小学老师的同学曾给我讲过这样一件事：

> 在我们班上有个学生，上课的时候总是喜欢做小动作，后来甚至发展到了吹口哨。每次我都特别生气，上课时我就让他带着课本站在我的讲台边。可是，他仍然不专心，甚至还吹讲台上的粉笔灰。
>
> 我发现后立刻制止了他的这种行为，然后平复了一下自己的心情，对他说："你一定要记住，这里是教室，是大家学习的地方，不是你的书房。你吹口哨会影响到其他同学学习。你也不是不懂事的孩子了，难道不知道什么事情该做，什么事情不该做？课堂上，遵守课堂纪律，这是规矩，我作为老师，有权利和义务管你，而你也应该好好反省一下自己！"
>
> 没想到，听了我的这几句话，他居然流出了眼泪。下课后我单独找他，他说我说的那些话，他之前从来没有听过，所以一直以来他心里根本就没有"规矩"这个概念。

张居正曾说："天下之事，不难于立法，而难于立法之必行；不难于听言，

而难于言之必效！"可见，不管怎样立规矩，如果不执行，这些所谓的"规矩"都只不过是无用的废话，只有按照规矩实际并认真执行，才能有所收获。

上幼儿园以及小学的孩子最容易接纳他人的意见，所以，对于家中有这一年龄段的孩子来说，父母要重视他们的人际交往习惯、学习习惯和生活习惯。比如，教孩子按时上学，不迟到；遵守交通规则，学会自我保护；每天做好功课的预习和复习，及时解决疑难问题等。

作为父母，千万不要觉得养孩子的目的只是把他们养大，在吃穿上完全满足他们就够了。荀子倡导的"人性本恶"，不无道理！放眼天下，哪个放任自流的孩子会成为好孩子？所以，一定要对孩子进行实际意义上的约束，靠规矩养成良好的习惯，增强安全意识，并努力监督执行，让他们变成一个做人有原则、做事懂规矩的人。

那么，针对不同的孩子，要如何给他们确立规矩呢？

方法一：给孩子定规矩要明确，不能模棱两可

生活离不开衣食住行，父母不仅要培养孩子遵守交通规则，遵守公共秩序，在家里，还要根据他们的年龄、心理特征，制订明确的规矩。比如想让孩子爱上阅读，那么在他们2岁左右的时候，可以带他们去图书馆，教他们从固定的地方取放图书，再去固定位置阅读，期间要遵守图书馆的秩序，不得大声说话；4岁左右的时候，让他们学会自己整理书架，对图书进行归类，并尽力保证图书完好无破损；6岁左右的时候，让他们选择自己喜欢的图书阅读……如此一来，孩子慢慢就会养成良好的阅读习惯。

为了让女儿喜欢上阅读，在她很小的时候，我就给她立规矩：每次看书不得少于半个小时，看完后要将书放回原来的位置；可以跟小朋友互相借书看，但是看完之后要及时归还；我也可以陪她到图书馆看书，但不能吵闹；当然，她可以看电子书，但不能超过半小时……

结果，女儿自然比同龄孩子的文化基础要扎实一些。

所以说，不管做什么事，提前确定目标、立下规矩，做起来才会游刃有余，不至于做无用功。当然，给孩子制定规则时，一定要说明，什么是对的、什么是错的，千万不能模棱两可；必要时告诉孩子，你让他这样做的目的是什么。这样，孩子才能对要做的事有一个全面的认识。

方法二：规矩绝对不能朝令夕改

如同公司的规章制度一样，给孩子立的规矩一旦确定，就不要随意改动，否则孩子就会轻视规则。

同学小可的儿子虎子比我女儿小一岁，由于住在一个小区，因此两个孩子经常在一起玩。

这天晚上，我带女儿去她家。进门的时候，同学正在跟儿子展开拉锯战。我问同学是怎么回事，她说虎子喜欢吃零食，现在每天吃得越来越多，正餐一口都不吃。同学知道这样对孩子发育不好，于是强制要求虎子少吃零食，可是虎子根本不听。

"我不是跟你说过嘛，最好给孩子定个规矩，每次最多能吃多少零食。"看着发怒的同学，我安慰她说。

"我是给他定规矩了，要求他每次只能吃半袋薯片，每天吃两次。可是，只执行了一天，第二天就回到了原来的样子。"同学无奈地说。

"那你肯定是没有认真执行，跟孩子妥协了。"

"嗯！不让他吃，他就哭闹，怎么劝都没用，我也是没办法。"

不得不说，我这个同学犯了一个大忌讳——规矩就是规矩，不能朝令夕改。如果你的孩子也有吃零食的习惯，而作为父母的你想改变孩子目前的现状，那就给他们定下规矩，限定每天的零食量，并且坚决执行下去，不能随意更改。

但凡孩子都喜欢吃零食，有时候零食吃多了确实对孩子的身体健康无益，为了让孩子减少零食的摄入，很多家长都会给孩子定规矩，可是很少有人能够执行。尤其是跟老人在一起生活的孩子，受到隔辈亲的影响，老人总是会无条件满足孩子对零食的需求，导致规矩被破坏。遇到这种情况时，要心平气和地告诉老人，虽然很理解他们的行为，但是为了孩子的健康着想，不能对已经制定的规则视而不见。或者把摄入过量零食对孩子造成的危害告诉老人，相信他们以后一定会重视起来的。

要点 4：规则，是安全和危险的界线

孩子有很强的好奇心，即便某些场合存在危险，也总是抱着侥幸心理，会忍不住去尝试。比如说有些孩子喜欢游泳、钓鱼，于是去河边，但是管理人员为了安全起见，总会竖起诸如"水深危险，请勿靠近"的警示牌。所以，父母在对孩子进行规则引导的时候，一定要告诉孩子，哪些地方不能去，什么东西不能吃……

我在网络上曾看到过这样一则故事：

一天，正在读小学三年级的小明本来跟同学约好了要一起踢足球，可是因为玩电脑游戏，忘记了时间。为了及时赶到足球场，小明便将自行车骑得飞快。可是，屋漏偏逢连夜雨，半路上，自行车漏气，附近又找不到修自行车的地方，小明特别着急。

这时候，一辆大卡车朝小明这边驶来。小明眼睛一亮，顿时想到了"好"办法。于是，他以最快的速度骑车靠近大卡车，从后面一手抓着车厢，一手稳着车把。就这样，大卡车拖着他飞快地跑起来。

快要到足球场的时候，小明松开手，哪知车子却因为惯性失去了平衡，他重重地摔倒在地。在他刚要爬起来的时候，后面驶来的一辆私家车直接把他撞倒了。小明"啊"的一声，昏了过去。

醒来时，小明发现自己正躺在医院里。医生告诉他，小腿骨折，不过不用担心，只是裂缝，能够长好。小明这下意识到，自己没有遵守交通规则，才出了这样的事。每次想起来，他都一阵胆寒，并且从此以后，再也不敢违反交通规则了。

故事中，小明明知道跟朋友有约，还不加节制地玩游戏，以致耽误了时间；为了赶时间，他铤而走险，违反交通规则。虽然没有造成不可挽回的严重后果，但也着实令人感到后怕。

在这里，可以把规则看成是安全和危险的界线。这个界线，我们永远都不能逾越，否则很有可能会出现意想不到的后果。比如，那些刚刚学会走路的孩子，总是会情不自禁地到处跑。如果是在小区或者其他公共场所的停车场，父母就要注意了，告诉他们这里车多，绝对不能到处乱跑，否则容易被车撞了、碰了。如果带孩子去公园，看到其他小朋友玩秋千时，你的孩子也想玩，告诉他们，绝对不能上去一下子把人家拽下来，要等人家不玩了，你再玩。或者可以让孩子礼貌地上前问一句："什么时候可以轮到我？"约定好时间后，不妨让孩子先在附近玩其他的器材。从某一点来说，我们给孩子制定规矩，并不是想限制他们的自由，纯粹是为了保证他们的安全。

方法一：适当设限，让规则来保护孩子的自由

生活中，我们经常会看到这样的场景：

场景一：

孩子喜欢吃鱼，为了不被鱼刺伤到，妈妈总是叮嘱孩子把刺挑干净，吃慢点儿。可孩子就是不懂得细嚼慢咽，所以鱼刺很容易卡在嗓子里。

场景二：

医院里，大家都坐在门诊室旁边的椅子上，等待叫号看病。可是，调皮的杉杉却坐不住，一会儿从椅子上滑下来，一会儿又跑到椅子后面蒙上妈妈的眼睛，一会儿又将吃零食剩下的垃圾丢得到处都是。周围的人看在眼里，烦在心上。

场景三：

坐在汽车上，妈妈叮嘱孩子一定不要随意把手伸出窗外，可是调皮的孩子就是不听话，险些发生危险。

……

相信类似的场景你可能都遇到过，不难发现，对孩子进行规则教育是十分必要的。某种情况下，对他们明令禁止才能让他们的言行举止有所收敛，不至于碰触安全底线。

给孩子的活动设定一些界限，尤其在他们的不同成长阶段，根据他们的年龄、性别以及能力等实际情况，设定不同的规则，从而保证他们在更加安全的空间里，能更加自由地去探索，与此同时培养他们自我约束的能力。

方法二：别指望孩子一两次就能记住并遵守规则

重复练习写字，字就会写得越来越漂亮；重复做一道菜，这道菜的味道就会更加理想；重复背诵某篇文章，任意选出其中的一句，就会很自然地说出下一句；重复做某项工作，效率就会更高……重复的作用可见一斑。

在培养孩子规则意识的同时，也离不开重复。如果想让孩子养成好习惯，就要对某些行为模式不停地重复，让规则意识深入孩子的内心。

周末，我带着女儿到朋友李丽家去玩。李丽的女儿叫可新，跟我女儿同岁，每次只要凑到一起，两个孩子就总是难舍难分的。

看到我们来了，可新很开心，按照她的理解，家里来了客人，自己就不用背英语单词了。

我感到莫名其妙，问朋友："可新的成绩不是不错吗？"虽然我不是分数的推崇者，可是也会关注孩子的学习状况，可新的学习成绩我多少还是了解一些的。

朋友看看可新，又看看我，将两只手左右一摊，说："是啊，可那都是过去的事了，这学期开始，她的成绩降了下来。平时不好好学习，只知道玩，尤其是英语，单词单词记不住，课文课文不会背。"

按照我上学时的经验，要想学好英语，首先得记住，然后再深入理解。因此，我对朋友说："反复背诵几遍，不就行了！"

"是啊，我也是这样教她的，但效果依然不理想。这不，昨天他们英语老师来了电话，跟我反映了孩子的英语学习情况，让我想办法帮帮她。唉！"

看着朋友愁眉苦脸的样子，我给她提出了自己的建议：反复背诵，有针对性地做练习。

朋友听了表示赞同，因为她也明白，重复是孩子学习和巩固知识的一个重要方法。如果想让孩子掌握某个知识点，就要不断重复记忆。可是，真正能够切实做到的却很少。有些父母即便开始的时候会这样要求孩子，能够坚持下来的却寥寥无几。

所以，切记：重复！重复！一定不能忽视了重复！

要点 5：越早培养孩子的规则意识越好

对于孩子来说，从小养成自觉遵守规则的习惯，将来长大了就会受益匪浅，比如，主动遵守交通安全规则，按顺序排队、乘车、购物，不随地乱扔垃圾……

任何一个良好行为习惯的养成，都需要经历一个不断练习、不断改正的过程。很多现实生活中的例子也充分证明，一旦养成了坏习惯，改起来非常困难，甚至一辈子也纠正不过来。因此，父母一定要引起注意，从小培养孩子的规则意识，让他们养成好习惯。

女儿从一岁多开始，我跟丈夫就特别注意锻炼她的规则意识，时间长了，她几乎在任何时候都可以遵照我们提出的要求和规定来做，后来不管是在幼儿园，还是上了小学，她的适应能力都非常强。

我记得她上幼儿园的时候，有一次我陪她上了一次课。上课前，教室里很喧闹，为了让大家安静下来，老师就跟孩子们说：如果谁先坐好，我就先给谁发画纸，拿到画纸的小朋友就可以开始画画了。

孩子们听了，一个个的坐好，老师就给那些坐好的孩子挨个发画纸。其余的孩子一看，明白了老师说的规则，自然就争先恐后地坐好了。

而且学校还有这样一个规矩——上课时，老师只会让举手的孩子回答问题。如果老师提的问题我女儿会，她总是第一个举手并大声回答，于是备受老师的欢迎和信任。

在整个幼儿园阶段，我和丈夫从来没有因为女儿不听话而接到老师的"投诉"短信或电话。

如今，幼儿园对孩子的规则意识都非常重视，而且社会各界也都在呼吁，要从小培养孩子的规则意识。

只要留心的父母都会发现，在很多幼儿园的墙上都贴着"幼儿园守则"，比如礼貌待人、帮助他人、不大声吵闹等。所有这些大多被设计成漫画贴在墙上，孩子能够一目了然；甚至有些幼儿园老师每次上课时都会带领孩子们大声朗读"课堂守则"。

对于年龄小的孩子，在他们心里，对父母和老师有一种莫名的崇拜，让他们怎么做，他们就会照着做。等到他们长大了，或者到了青春叛逆期，可能就不会对父母和老师"言听计从"了，甚至还会对着干，所以，选择在青春期对孩子进行规则意识的培养显然不妥。况且规则意识的培养并不是一朝一夕就可以完成，需要不断重复和纠正，而这个过程需要耗费大量时间，并伴随孩子的成长。由此也充分说明，对孩子规则意识的培养，最好从小开始。

方法一：不娇惯孩子，建立的规则一定要正确

在幼儿期对孩子进行规则意识的培养尤其重要。

从实际来看，婴幼儿时期的孩子已经对规则有了初步的理解，比如，喝水的杯子，用完要放回原处；不玩的玩具或者不看的绘本等要分类收纳；出门时要检查一下各房间里的灯是否都关了……

我认识一个小男孩儿，名叫李涵，住在隔壁的小区。李涵长得白白净净的，不听声音，乍一看上去简直像个女孩儿。夏天的时候，每次晚饭后出去散步，我几乎都能遇到他。

这天，我在小区旁边的公园看老人们跳广场舞。李涵见到我，跑过来问我："阿姨，你怎么不跟他们一块儿跳啊？"

我呵呵一笑："我不会！"我不是糊弄他，确实是不会。"你奶奶呢？"我转而问他。凭经验，我猜他还是跟着奶奶出来的。

"在那儿扭着呢。"李涵抬起手，指了指跳舞的人群，"她今天穿的是红色T恤短袖。"

我顺着他手指的方向看过去。李涵的奶奶像是感受到了我们的目光，转过头看着我们，冲我们点点头。我微微一笑，作为回应。之后，老人继续自己的舞蹈了。

"阿姨，我想到那里玩健身器，你跟我一起去吧，锻炼锻炼，对身体好。"李涵一边说一边拉起我的手。我没有拒绝，站起来，跟着他走。

扭腰器、平步车、漫步机……李涵一一试过。我故意逗他，指了指旁边的腹肌板："你会玩这个吗？"

李涵摆摆手："这个我不敢。有一次我躺下去再起来之后觉得头晕恶心，后来妈妈就叮嘱我，让我不要再玩这个了，怕有危险。"说完，他又找了一个适合的健身器去玩了。

读到这里，相信大家都会为李涵妈妈的叮嘱以及李涵的行为感到欣慰。当李涵妈妈发现儿子不适合做这项运动的时候，立刻给孩子定规矩、拉警灯：这个不能玩，对你来说有危险。设想一下，如果李涵没有听妈妈的劝告，坚持玩腹肌板，特别是他一个人的时候，哪怕是有奶奶陪着，一旦头晕恶心症状加重，后果将不堪设想。

或许有的父母会说，既然孩子不听，那就让他尝试几次，他知道难受之后就记住了：这个项目不适合我。可是，与其让孩子去忍受痛苦，为什么不把后果提前告知孩子，让他们预知一下可能出现的状况呢？

方法二：规矩的执行离不开自制力的培养

控制不了自己情绪的孩子，总会忍不住去发泄，甚至做出一些他们自认为开心、痛快的事情。如果父母不引导他们学会一些排解的方法和规则，他们就无法具备很好的自制能力。

现实生活中，孩子很多时候之所以不遵守规矩，就是因为他们的自制力太弱。因此，提高孩子的自制力非常重要和关键。

去年"十一"国庆节的时候，我去参加一个朋友的婚宴。同桌有几个熟悉的，大家一边吃一边聊，时不时地有小孩子从中间的过道上跑过。

甲说："小孩来回跑，大人也不管管，摔倒了算谁的？难不成，还让一对新人给你出医药费？"

乙瞅瞅中间的过道，表示赞同："是啊，地方这么窄，如果管不住孩子就别带过来。"

丁说："熊孩子，一点儿自制力都没有。"

……

听着他们有一搭没一搭的话，我刚开始觉得他们有点儿小题大做——何必要跟孩子置气呢？可是，转念又一想，他们说的也不是没道理。在宴席中，孩子们跑来跑去，不仅会影响周围人的用餐，而且，一不留神，还可能会摔倒、磕伤……即使父母出门前给孩子定下了很多规矩，但如果孩子自制力较弱，那么规矩的执行力也就相对较弱，管不住自己，从而给他人带来不便或者麻烦。

因此，父母只有先加强对孩子自制力的培养，才能让他们更好地去遵守规矩、执行规矩。

没有教不好的孩子，只有不会教的父母：
这样定规矩，孩子不会抵触

要点 6：正确认识规则：它不是束缚孩子的绳索

在这个世界上，从来就没有绝对的自由，而那些绝对的自由其实就是绝对的不自由。孩子未来必然会走入社会，只有遵循社会规则，才能少走弯路。规矩，是为了让我们获得更大的自由；大家都不重视规矩，社会就成了一团乱麻，又哪有自由可谈呢？

王伟平的女儿青青，今年3岁半，上个月的时候王伟平把女儿送去幼儿园，但是没想到，女儿竟完全无法适应幼儿园的生活。

王伟平认为，幼儿园管孩子太严了，在很大的程度上限制了孩子的自由。因为在家里，王伟平对女儿的教育方式一直以来都是无条件顺从。

比如，在家里的时候，女儿喜欢光着脚到处去乱跑，经常不穿鞋子，王伟平会由着她的性子来；女儿特别喜欢看电视，每天晚上看到11点才睡觉，王伟平也从来不管；即使女儿睡前不愿意洗澡，王伟平也顺着她。

王伟平说，他不约束女儿，是怕扼杀她的创造力，同时也是想让她拥有一个美好的童年。结果没想到把女儿送到幼儿园后，老师隔三岔五给他打电话抱怨：孩子上课总是乱跑，玩游戏的时候不遵守规则，还总是抢小朋友的玩具或吃的……

王伟平觉得幼儿园条条框框太多，于是决定给女儿转校。可是没过多久，新幼儿园的老师同样打电话给他，说了一些女儿在学校的不良表现，幼儿园的一些小朋友现在都不愿意跟她玩。只不过这次，新老师建议他，平时孩子在家的时候，要给孩子立一些规矩。这时王伟平才发现，女儿目前的状况确实有问题，而这一切完全是自己的放纵造成的。

现在受西方教育思想的影响，很多父母都会对孩子进行"放养"，希望自己的孩子能够自由成长。其实，给孩子自由的出发点是好的，但一定要时刻记住：自由，并不等于肆无忌惮，想干什么就干什么。如果想让一棵小树苗长成参天大树，就要不时地为其打杈、修枝和纠偏扶正。

让孩子懂规矩、守规矩，并不意味着会剥夺他们的自由，更不是一根捆绑他们的绳索。我们之所以给孩子立规矩，就是告诉他们对与错的界限，让他们提高规则意识，也是为了让他们拥有更加广阔的成长环境，将来长大了可以飞得更高、更远。

研究证明，自制力可以影响一个人心智成熟的速度。现在很多功成名就的人中，不少人小时候都有很强的自制力。所以，父母一定要对自由和规矩有一个正确的认识。意大利教育家蒙台梭利也强调自由对孩子发展的重要性，但是她同时指出自由并不是随心所欲的，只有建立在规则上的自由才是真正的自由。

方法一：规矩越简单明了，孩子越容易接受

真正的自由，建立在约束力和自控力的基础上。如果给孩子的自由失去了框架，孩子就会容易迷失，内心无所寄托，缺乏必要的安全感。所以说，越是简单明了的规矩，孩子越容易接受。

相信很多人都在公园看到过"不要踩我，我很疼""绿草盈盈，请保护我""我不想受伤，请别摘"之类的提示语，管理员就是告诫人们，不要乱踩草坪，不要乱摘花朵。这样的提示语简单明了，人们一看就明白。给孩子订立规矩的时候同样如此，不要一下呜里哇啦地说一堆，只把最关键的部分说给他们听，他们才会更容易按照你说的去遵守。

如果想让孩子提高写作业的效率，跟他们说"必须在8点之前完成"，远比说"别磨蹭，快点写，写完早点儿休息。你看××每天早早就写完作业了……"

来得更直接、有效。

如果想让孩子按时按点吃正餐，跟他们说"现在不吃饱，饿了就饿着"，远比说"快点吃吧，要不然我们都吃完了，可没你的份儿了……"更能提高孩子准点吃饭的意识。

虽然有些事情做起来确实有难度，可是在给孩子提规则和要求的时候，尽量简洁地告诉他们。毕竟孩子还小，理解能力有限，跟复杂的语言比起来，他们更容易接受简单易懂的话。所以，父母们一定要记住：表述越简单规矩越有效。

方法二：大的抓紧，小的放松

大的抓紧，小的放松，不是让孩子遵守重要的规矩，放松那些看起来无关紧要的，而是让孩子养成一种主次分明的习惯，这样他们在按规矩做事的时候，才能有条不紊。比如，对于不玩的玩具，孩子只要收起来就好，具体哪个玩具摆放在哪里，父母不要限制得太死。

婆婆快60岁大寿了，儿女们商量要热热闹闹地办一下。虽然婆婆不想让我们破费，但最后还是被我们给说通了。一来，我们平时工作忙，难得聚在一起，好不容易有个机会，当然不会错过了。二来，我们想着给婆婆留下一个美好的回忆。

当天，女儿起床前我叮嘱她："今天换身衣服。"

女儿不解，说："昨天穿的衣服还没脏呢。"

"今天奶奶过寿，是件喜事，换身干净漂亮的，奶奶看着也开心啊。"

女儿想了想，似乎明白了，然后问我："那我穿哪件呢？"

"你自己去找找，搭配着看一下。"

听了我的话，女儿起身去自己的衣柜中找衣服，我跟丈夫则在外边收拾东西。女儿虽然选衣服的时间长了点儿，但终归在我们出发之前，穿戴整齐、洗漱完毕。

在这里，我对女儿就采用了"大的抓紧，小的放松"的规则，只要求她穿干净的衣服，并没有限制她要穿什么，到底穿哪件，完全由她自己选择。在这里，所谓的"大"就是"衣着干净"，"小"就是"自己选择"。我认为这样做，女儿既能明白我让她换身衣服的用意，也能锻炼她提升自己的审美观。

随着孩子一天天长大，自主性也逐渐增强。当我们要求孩子这个应该做、那个不应该做的时候，不妨多给他们一些选择，让他们的思维运转起来，不能一味地给他们提出要求，还对他们禁锢得太紧。

本章小结

★ 如果想让孩子按照规则做事，不仅要告诉他们为什么，还要将不遵守规则可能引发的后果告诉他们。

★ 与其喊破嗓子，不如做出样子，按照制定的规则来，孩子耳濡目染，渐渐地就能形成习惯了。

★ 作为父母，千万不要觉得养孩子的目的只是把他们养大，在吃穿上完全满足他们就够了。

★ 可以把规则看成是安全和危险的界线。这个界线，我们永远都不能逾越，否则很有可能会出现意想不到的后果。从某一点来说，我们给孩子制定规矩，并不是想限制他们的自由，纯粹是为了保证他们的安全。

★ 对于年龄小的孩子，在他们心里，对父母和老师有一种莫名的崇拜，让他们怎么做，他们就会照着做。等到他们长大了，或者到了青春叛逆期，可能就不会对父母和老师"言听计从"了，甚至还会对着干，所以，选择在青春期对孩子进行规则意识的培养显然不妥。

★ 让孩子懂规矩、守规矩，并不意味着会剥夺他们的自由，更不是一根捆绑他们的绳索。我们之所以给孩子立规矩，就是告诉他们对与错的界限，让他们提高规则意识，也是为了让他们拥有更加广阔的成长环境，将来长大了可以飞得更高、更远。

Part 2
了解孩子不愿意守规矩的原因

原因 1：表达能力有限，容易做些出格的行为

曾经有一位幼儿园老师跟我说过这样一个故事：

在语言活动《我喜欢我自己》的最后一个环节，为了让孩子们进一步了解自己，幼儿园组织孩子们进行讨论：说说自己有什么值得自豪的地方，或者具有哪些优点。

老师刚说完要求，孩子们就开始了非常激烈的讨论。有的孩子说："我特别喜欢自己，我能讲很多很多故事。"有的孩子则说："我认识很多很多的字。"还有的说："我孝敬爸爸妈妈和爷爷奶奶。"……

孩子们发言完毕后，我都对他们进行了表扬。后来，有个叫王梦圆的小朋友，她把手举得非常高，我问她："你最喜欢自己什么？"可是没想到她居然说："老师，你怎么叫我们只说优点呢？我爸说，每个人都有缺点。所以我想说，老师有缺点，我也有缺点。"说着，她扭头看看其他的小朋友，调皮地笑起来。听了她的话，教室里顿时一阵喧哗，孩子们叽叽喳喳地开始议论了。

大约过了2分钟，我让孩子们停下来，保持安静，并告诉他们："没错，金无足赤，人无完人，每个人都有缺点，老师也不例外。比如有时会忘了把小铃铛放在哪里了，需要你们帮我才能找到。所以，老师现在每天都注意改正这个缺点，也希望你们能够帮我一起改正。"然后，我让他们各自再说一说自己都有哪些缺点，以及改正的一些方法。孩子们听了，又开始了激烈的议论。

对于孩子的一些言行，很多父母习惯性只看表面，要知道，任何一件事情的发

生，都有一定的原因。当孩子没有按照规定做时，一定要搞清楚他们这样做的原因，或者让他们谈一下自己的想法。因为随着孩子渐渐长大，他们虽然会越来越有主见，但不懂得自我管理，有时候对一些自己不满意的意见和规定，也无法完整地表达出来，为了引起家长的注意，通常会采取诸如反抗、唱反调、不听话等方式表现出来。

从生理学角度来说，孩子的表达能力会随着年龄的增长逐渐提高。在我们严格要求孩子按规矩做事的时候，一定要关注孩子的年龄以及他们的表达能力。比如，父母希望自己的孩子能主动跟同学交往，但实际上他因为年龄小，不擅长表达自己，在这种时候父母一厢情愿的要求很容易会让他产生一种深深的逼迫感。所以，不管任何事，不管给孩子提怎样的要求，父母都要全面考虑，争取提出的要求符合孩子目前的成长状况。

当然，孩子的语言表达能力因人而异，有的善于表达，有的就无法很好地描述出来。如果你的孩子恰好属于不擅长表达的那种，那么就要注意以下两点。

方法一：弄清楚孩子出格的意图

孩子偶尔办事出格，并不像父母认为的那样——孩子学坏了，这只不过是孩子成长的一种正常反应，他们的好奇心总是让他们忍不住去尝试一些新鲜事物。一旦看到孩子"出格"了，很多父母就会给孩子贴标签：不听话、不守规矩、调皮、捣蛋。

一个星期天的上午，我和女儿乘坐地铁去植物园。进站后，地铁很快就来了，我们随着排队的人群上车，并排坐在靠近门口的位置。算算时间，20分钟之后才能到站下车，我便对女儿说："眯一会儿吧，等到了我叫你。"女儿"嗯"了一声，闭眼斜靠在我的肩膀上。

每一站都有人上车，渐渐地，车厢里的人多了起来。不知道什么时候，我发现我旁边坐着一对母子，男孩儿看样子跟我女儿岁数差不多。冷不丁地，男孩儿的妈妈惊叫一声："嗨，怎么是你呀？"说着，她朝站在对面的刚上车的一个男士招了招手。这位男士看了看她，回应道："真是太巧了，你也在北京？听同学说，你不是去广州了吗？"……

一听这话就知道，老同学见面啊！之后，他们自然是一阵嘘寒问暖。也许是过于亢奋的缘故，男孩儿的妈妈声音比较大，她说的每一句话都传到了周围人的耳朵里，当然也包括我。

突然，她扭头对旁边的男孩儿说："儿子，快，叫叔叔！"男孩儿低着头，没有吭声。

"快叫呀！我在家里怎么教你的？"她显然对儿子的态度有些生气。

男士急忙说："没关系，我跟孩子第一次见面，不熟。他可能不习惯，以后常联系，常见面，自然就好了。"

男孩儿的妈妈讪讪地说："我儿子平时不这样，挺懂事的，今天不知道怎么了……"她的话还没说完，就见男孩儿快速从口袋里掏出一个塑料袋撑开，低头"哇"一声吐了。

车厢里一阵寂静，人们都向这边看过来。

片刻之后，男孩儿一手拎着塑料袋，一手从口袋里掏出手纸擦嘴，然后抬起头说："对不起，叔叔，刚才我有点儿晕车。"男孩儿妈妈这才恍然，原来刚才儿子不打招呼，是因为晕车难受。现在将污物吐出来，自然就舒服一些了。

所以说，当父母发现孩子没有按照自己的要求去做时，千万不能不分青红皂白就数落、冤枉他们，而是应该尽快寻找到他们这么做的原因和理由。换句话说，如果父母对孩子都不信任，那又怎么能让他们信任我们呢？

方法二：主动聆听孩子的想法

人与人之间的交往，沟通是最重要的，而在沟通中懂得倾听又极为关键。对于身在职场的父母来说，除了平时倾听同事、朋友和领导之外，也要时刻关注并聆听孩子的想法，以便充分地理解他们，进而更好地管教他们。

我记得网络上有过这样一则新闻，大意是：

女儿升入高二，学习日益吃力，为了帮助女儿提高成绩，王先生高薪为女儿聘请了一位所在学校的教师，进行一对一辅导，每周末补习一次，每次一小时。

有了老师的帮助，女儿的学习果然有了进步。两个月后，期中考试，女儿的成绩明显提高，尤其是数学，更是取得了前所未有的高分。为了表示对老师的感谢，王先生在一家高级餐厅请这位老师吃饭，对他的付出表示万分感激。

有一次，王先生在跟女儿交谈的过程中，发现她似乎对补课感到很厌烦，以为女儿产生了厌学情绪，便批评了她。没过多久，女儿开始对王先生抱怨，说不想补课了。为此，父女俩还吵了起来。最后，女儿索性直言："你在我的房间里装个针孔摄像头，看看他是怎么给我补课的！"

王先生这才感觉哪里不对劲。是啊，每次补课都是在女儿的房间，为了不打扰他们，还会关上门。难道这里有猫腻？于是，王先生立刻照女儿说的做了。

周六，补课老师按时来到王先生家，像平时一样给王先生的女儿补课，但全然不知道在隔壁的房间里，王先生正观看着他们补课的情景。王先生通过电脑画面，看补课老师给女儿讲题，一边讲一边靠近，不是摸摸女儿的脸，就是拍拍女儿的后背……为了收集足够的证据，王先生强忍着，同时也体会到女儿这么长时间以来心里所承受的压力。

补课老师到点离开，父女俩商量后，决定报警。第二天，当补课老师再次出现在王先生家的时候，被逮个正着。

看到这则新闻的时候，我一则为这样的禽兽老师感到悲哀愤恨，一则为父女俩的配合感到欣慰。他们的故事警醒我，要随时跟孩子沟通，听听他们的想法是十分必要的。

尊师重道、孝敬长辈自古以来是我国的优良传统，于是父母都会要求孩子这么去做，可是当某一天孩子对此发表自己的不满情绪时，很少有父母能够关注孩子内心的想法。

在与人交往的过程中，孩子的感觉最为敏感，当他们发现自己所遵守的规则可能对自己造成伤害时，普遍会有所反应。只不过，有的孩子是心里抵触，有的孩子则会直接表达出来。无论你的孩子属于哪种情况，在给他们立规矩、让他们执行规矩的时候，听听孩子的想法非常重要，千万别好心办了坏事。

原因 2：为了引起父母的注意，做出让父母不满的事

通常，当孩子长到五六岁的时候，基本可以领会父母提出的一些具体要求和规则的本意，并能自行遵守。可是，孩子毕竟是孩子，好奇心重，总会尝试超越界线，试探父母的反应。有时甚至为了吸引父母的注意，做出一些让他们非常生气的事。

聪聪今年 7 岁，上小学一年级。在学校，聪聪表现良好，上课认真听讲，放学时认真完成作业，跟同学的关系也特别好。可是，在家里，聪聪简直判若两人：总会趁父母不在身边的时候欺负妹妹，总说爸爸是个酒鬼，还对爷爷和奶奶不尊敬，出言不逊。为什么会这样？

聪聪从小十分听话，但是脾气不太好。而且，自从有了妹妹，爸爸妈妈不管什么好吃的、好玩的，都先拿给妹妹，他们的目光平时也总是停留在妹妹身上。渐渐地，聪聪觉得，爸爸妈妈好像不喜欢他了，并产生了浓浓的失落感。

后来，爸爸生意出了一些问题，压力特别大，经常在外面喝酒应酬，回家特别晚。为此妈妈很不高兴，两个人经常争吵，很多时候还会摔东西。有一次，聪聪无意中听到他们说要离婚，心里感到担心和害怕，从此以后他就变得爱发脾气，想通过这种方法让爸爸妈妈注意到自己。

所有的孩子都希望成为家庭的焦点，受到父母的关注。在这种情况下，如果孩子按照父母的要求做了，父母却毫无反应，那么他们会怎么做？为了能够

被父母重视，他们可能会拿起画笔在墙上乱涂一气；为了引起妈妈的注意，他们会故意将衣服穿反；为了引起爸爸的注意，他们会故意将爸爸的鞋子扔得到处都是……不要觉得孩子是在无理取闹，他们这么做，只不过想得到我们的关注罢了。

面对孩子种种异于寻常的行为，我们只要尽力去了解孩子的心理，就完全可以发现端倪。

对于父母的要求，孩子不照做，有时还会故意反着做。这时候，有的父母会控制不住自己，训斥孩子，唠叨孩子，甚至动手打孩子。难道真是孩子不听话？通常，越是孩子表现出叛逆行为，父母越要多了解一些孩子的内心想法，让他们明白自己在什么时候应该去做什么，有了很好的沟通和交流之后，孩子就会更加听话、执行起来也会更有力度。

方法一：孩子故意犯错，父母要仔细分析

为了引起大人的注意，孩子会故意犯错。发现孩子犯错之后，父母该怎么办？首先就要对孩子动之以情，帮助他们改正过来。

这天，在朋友的介绍下，张女士带着自己的儿子侯晗找到了我。

第一次见面，我跟张女士先客气寒暄了一两句，然后张女士就坐下来，开始向我抱怨："这段时间真是烦透了，被这个孩子气得不行！"

我一边听张女士说，一边微笑地看着侯晗，他静静地站在他妈妈的旁边，一句话都不说，低着头。我问张女士："怎么了？"

"这段时间不知道怎么了，他特别不听话。不让他乱扔垃圾，他偏扔；不让他剩饭，每次非得剩下一点儿；不让他在楼梯来回跑，他偏不听……他刚8岁，还没到青春期，怎么就开始跟我对着干了？"

听了她的话，我心里释然，她也不是对家庭教育一无所知，居然知道青春期孩子所具备的一些特点。

接着，张女士继续说："我虽然只有高中文化，但对孩子也很重视，没事的

时候会翻看一些育儿的书。可是，读再多的书，也赶不上实际的变化呀。"

我看了看侯晗，对张女士说："你先到隔壁的房间待一会儿，那儿有杂志，你可以随便翻看，我想跟孩子单独聊聊。"张女士点点头，起身离开。看到妈妈离开了，侯晗放松下来。

我走过去，扶着他的肩膀，让他坐到张女士刚才坐的位置，说："坐会儿，咱们好好聊聊。"

男孩儿看了看我，问："聊什么？"

我为他的直爽感到震惊，没想到一个只有8岁的小男孩儿居然会这样问我。

"聊聊你妈妈。"我直言不讳。

"我妈……"听了我的提议，男孩儿的眼里闪出金光，"行！"

"你妈平时喜欢干什么？"

"打麻将。从我记事起，我妈就喜欢打。每天都会去小区棋牌室。"

真是看不出来，一个30多岁的年轻女士，居然热衷于打麻将，而且每天都玩。"她不用上班吗？"

"我妈没工作，她一直在家里。"

"那你家的生活条件应该不错。"凭我的经验，一个30几岁的年轻女性不上班，在家做全职妈妈，家庭条件肯定差不到哪儿去。要不，早就忙着工作挣钱去了。

"一般！我家开着个超市，我爸一个人管，但是不像同学的爸妈开公司挣钱多……"

"你爸确实不容易，但你妈照顾家也很辛苦，买菜做饭，都需要精力和体力。"

"是！但她整天玩麻将，不管我跟我爸，衣服脏了，也不给我们洗。最近这段时间更是，每天我放学回到家，都得先去棋牌室等她，一等就是一个小时。后来，索性我不等了，直接回家。但我不等她，她回来得就更晚了……"

跟侯晗聊完，我让他去隔壁房间换他妈妈过来。

"你觉得儿子最近老顶撞你？"

"是呀，有时候真是感觉要气死了。"

"你们沟通过吗？"

"他都不听我的，怎么沟通？"

"刚才听你儿子说，你喜欢打麻将？"

"嗯，没事干，大家在一块儿娱乐娱乐。"

"你知道吗，孩子不喜欢你这样……"

张女士不再说话。

"打麻将确实是一种娱乐方式，闲来无事的时候，也可以玩玩，但你好像只顾着打麻将了……孩子之所以要顶撞你，就是为了引起你的注意，可是你却不懂。虽然他知道顶撞你不对，可是谁让你把精力都放在打麻将上，忽略了他呢？"

……

孩子犯了错，唯一的解决办法就是父母保持心平气和，反省自己，然后跟他们进行一次畅快的交流，了解他们的真实想法。如果只是一味生气、训斥、吓唬他们，缺乏实际有效的沟通，那么只会让亲子之间的矛盾越积越深。

方法二：让孩子学会反思，想明白到底自己错在哪儿

子曰"吾日三省吾身"。懂得自省，无论对孩子，还是对大人，都是一种难能可贵的品质。当孩子有不良行为，甚至破坏父母所立的规矩时，就要让他们学会反思，并引导他们站在父母的角度考虑问题。

用现在的话说，我是个不折不扣的70后，那个年代，独生子女稀少，家里的兄弟姐妹多，只要是没事干，胡同里的、大院里的或者村里的同龄孩子就会聚在一起玩。玩闹的次数多了，难免会有矛盾，尤其是男孩子之间，一言不合就会打起来。

每次打了架，男孩儿回到家总少不了被大人责怪几句。可是，据说张婶从不会这样对待她的两个儿子。张婶住在巷子的最东头，虽然家庭条件不好，但两个儿子却被她教育得很出色。在我们这一群孩子里面，她那两个儿子是最优秀的，后来一个考上了中师，一个考上了大学。之后，各自成家立业，娶妻生子，

生活过得其乐融融。

一次我回老家，正好遇到了张婶家的大儿子。说起小时候的调皮事，他连连感慨："我们哥俩儿小时候老闯祸，每次闯了祸，要面壁思过。然后，还要将反思的结果告诉我妈，比如哪里做得对，哪里做错了，简直比做题还难。"

由此我看到了张婶的不一般。同样是孩子打架闯祸，张婶既没有不痛不痒地责备孩子，也没有动手打孩子，而是让兄弟俩面壁反思。什么时候想好了，再跟张婶说他们反思的结果。如此一来，孩子就更明白自己到底错在哪儿了，同时意识到他们的行为可能引发的后果。

看看，反思重不重要？

当然，孩子在反思的过程中，父母也不能忽视了自己的反思，想一想：给孩子制定的规则是否合适？孩子为何会犯错？自己有哪些地方做得不对？

原因 3：尝到"耍赖"的甜头，就会一犯再犯

很多孩子都喜欢吃糖，父母一般都会有所控制，但是孩子一闹，有些父母就会在"不忍心"的心理作用下妥协。这时候，并不是孩子不遵守规定，而是父母因为心软，立了规矩却不执行。要知道，孩子喜欢"耍赖"，他们一旦从这种行为中获得了好处，自然就会故技重演。

6岁的史蒂夫活泼好动，对于父母给他定的规矩，他从来不听也不做，比如一让他收拾玩具、关电视、饭前洗手等，他都假装听不见。

一天下午，妈妈要赶在银行4点关门前去办理一些业务，可她催促了史蒂夫几次，他都不着急，依然在房间玩积木。后来妈妈一看再耽搁就来不及了，于是又一次催促道："史蒂夫，赶紧把积木收起来，我们得出门了！"

"一会儿就好，妈妈！"

又等了两三分钟，史蒂夫还没动静。妈妈着急了："回来再玩，现在我们必须得赶时间走了。"

史蒂夫不吱声。

妈妈生气了，冲进史蒂夫房间，怒道："你要是再不收起来，我就把它们都扔出去！"

史蒂夫不以为然："我才不管呢！"

妈妈听了，真的冲上来，一把将史蒂夫从积木堆中拉出来。史蒂夫猝不及防，将搭好的积木碰倒了。看着散落一地的积木，史蒂夫伤心地哭了

起来:"你别管我!我讨厌你!"

妈妈生气地朝史蒂夫的后背打了一巴掌,并让他快点儿去穿衣服。但史蒂夫干脆坐在地上,一边哭一边朝妈妈扔积木。

有位行为心理学家曾说:一些行为的结果,直接决定了这种行为会不会再次上演。所以,一旦孩子用自己的"招数"达到了目的,接下来就会不停地使用这样的"计谋"。如果父母一次都没有妥协,那么孩子多半就不会再使用这一招了。

可是,孩子的想象力总是极其丰富的,他们总能想到一些新招数,比如被家长惩罚时,有的孩子会一边哭喊,一边跟家长顶嘴。只要发现不管用,就会立刻乖乖就范。一旦家长表现出心疼,或者想图清静而取消惩罚,孩子就算达到了目的,以后父母也别想再惩罚他了。

妈妈不让孩子吃太多的零食,孩子就坐在地上不起来,直到妈妈妥协;爸爸出门不方便带孩子,孩子就硬拉着爸爸的手,眼泪汪汪,直到爸爸答应……现实生活中有不少这样的例子,但是,父母的妥协究竟好不好?

有些父母可能觉得无关紧要,是孩子对大人太眷恋了。我反倒觉得,这种问题应该重视。因为,一旦孩子从耍赖中尝到了甜头,后面你再给他提什么要求,他都会用"耍赖"对付你。

方法一:对于孩子不合理的要求,一定不能心软、纵容

女儿6岁生日的时候,我跟丈夫傍晚带她出去吃饭。吃完后不到8点,时间还早,我们便带着她到一家商场的儿童游乐区玩。

女儿很喜欢玩小汽车,这里有个赛车模拟现场,只要花30元租辆小汽车,就可以参加比赛。每次来这里,女儿都要玩上两次,这次也是。只不过,这次她却说:"妈妈,我想玩三次。"我知道,她这是在征求我的意见。想到那天是她的生日,我也就答应了。付了款,领了车,女儿便坐在位置上,排队等候。

时间到，一组孩子停了下来，工作人员过来收车子，有个小男孩儿不愿离开，将小汽车搂在怀里。工作人员没办法，只好询问在一旁观看的中年男子。

中年男子过来，一把将小汽车从孩子怀里抢过来："玩了四次了！"

男孩儿很委屈："爸，我想再玩最后一次！"

"那会儿不是说好了，再玩这一次。老是这样反复，让我怎么相信你？开始说好今天只玩两次的，你倒好，这都第四次了！"

"时间还早，我保证再玩最后一次！等回家了，我拿压岁钱还你。"好聪明的孩子，居然想到爸爸是担心花钱。

"言而无信的家伙，你要是这样，以后我就不带你来了。"显然，这位爸爸确实被儿子惹恼了。

男孩儿不说话。

"我再给你一次机会，要么跟我回家，要么你就在这里待着，我一个人走。"

男孩儿看到这样，只好乖乖离开。

有些违反规则的行为，千万不要因为孩子坚持就心软，纵容，一定要让他明白，他的行为必须有界限，即使是哭闹，父母也不会妥协。

方法二：打消孩子在公共场合胡闹的想法

去年春节前夕，我们一家三口到商场买衣服，打算先转一下，多看几家，然后再选合适的买。结果走到儿童服装区的时候，一个小男孩儿正坐在地上哭闹，旁边蹲着一位老人，想抱他起来，可是小男孩儿怎么都不起来。

我问售货员，怎么回事？售货员说："刚才他看上了一款羽绒服，可是他妈嫌贵，不给买，他就躺在地上开始打滚……"

我看了一眼老人，老人正劝说："乖孙子，快起来，都把衣服弄脏了。奶奶今天正好没带钱，咱们先回去，明天再拿钱过来买，不让你妈知道。"我知道，老人爱孙心切，才临时想了这么一个主意。

小男孩儿还是不答应："我就现在买，就现在买，明天就没了。"

"怎么会没了？"

"刚才人家都说了，只剩最后两件了……"

正说着，一位中年男子大步走过来，怒斥小男孩儿："起来！"

小男孩儿不动。

中年男子一把将他拎起来，拖着他扭头就走，老人在后面一边跟着，一边还念叨："你小点儿劲，孩子受不住！"

看得出，中年男子是小男孩儿的爸爸，任儿子再怎么折腾，也不跟他僵持，而是直接抱起来就走。确实，有些孩子很聪明，知道公共场合磨着父母，父母就会因为旁人的劝说而满足他们的要求，于是就在公共场合表现得特别没规矩。这种时候，最好、最直接的办法就是把孩子拉回家，离开公共场合，没有了旁人的"帮忙"，孩子就会收敛一些。

原因 4：给孩子立的规矩，父母也要以身作则

父母是孩子的第一任老师，在孩子的成长过程中，父母承担着极为重要的责任。如果父母给孩子立了规矩，可是自己的做法却跟定下的规矩背道而驰，那么孩子看到眼里，自然也不会遵守。因此，要想做一个合格的父母，必须给孩子树立一个好榜样，不但要给孩子立规矩，还要重视言传身教的作用。

表姐8年前跟丈夫离婚，她的女儿苹苹当时只有8岁，虽说如今苹苹已经16岁，却变成了一个问题少女，抽烟喝酒不说，高一就退学了，之后一直在社会上瞎混。

小时候，苹苹其实是个十分乖巧的孩子，聪明活泼，学习成绩也不错。但是表姐离婚后的这几年，亲戚朋友再提起苹苹的时候，都会说，苹苹的学习成绩越来越差；变得越来越没礼貌，见面之后总是爱理不理的，就像没看到一样……

一次，在商场，我遇到了苹苹和表姐。我跟表姐打招呼："苹苹也来逛街？怎么没去上课？"

表姐说："我给她请了半天假。"然后，表姐扭头对苹苹说："快叫姑姑呀。"谁知，苹苹把头扭向一边，不屑一顾的样子。

我看到表姐脸色有些不好了，急忙说道："没关系，叫不叫，我不都是她姑姑嘛。"

表姐说："哎，这孩子，越来越不听话。"

这时候，苹苹不耐烦地说："逛街也唠叨，能不能让人清净一会儿？烦

死了！"

虽然苹苹给我的感觉特别不好，可我还是劝表姐别生气。

面对来自生活的压力，很多父母都忙着应酬，忙着工作，忙着挣钱……疏于对孩子进行管教，于是出现了很多像苹苹一样的女孩儿。等到发现孩子出了问题再管，就无力挽回了。

不得不说，孩子不听话、没规矩，都是父母一手造成的。确切来说，是很多父母没有尽到自己的职责，无法满足孩子对爱的需求。不管是男孩儿还是女孩儿，只要在家庭中没有得到父母的关怀和教育，就一定会出现问题。所以说，父母的管教对孩子的一生，有着不可磨灭的作用，尤其是在规则意识培养的过程中，孩子更需要家长的指引和教导。

在物理学知识中，有个重要的概念，那就是"参照物"。一旦孩子将父母当作了"参照物"，他们就会从父母身上一点点地学习，一点点地改进。在执行父母要求的过程中，他们也会认真观察父母，如果父母也是按照规则要求来做的，那么他们多半都会认真执行；如果父母说一套做一套，嘴上要求孩子守规矩，行动却跟不上节奏，又如何令孩子信服？

尤其重要的是，如果孩子本来想按照父母的要求去做，但看到父母不在乎的样子，就很可能对规则不重视，自然不会按照规则行事了。

方法一：只有父母做好，孩子才有可能做到

孩子会模仿父母的一言一行和一举一动，所以要想让孩子守规矩，身为父母就应该依规矩来做，比如按时作息，保持卫生习惯等，只有父母做到，孩子才有可能做到；如果父母做不到，孩子就一定不可能做到。对于这点，我深有感悟。

我有个同学叫周霞，虽然长相普通，但非常爱美，也很有个性，不是今天戴个假发，就是明天做个夸张的美甲。记得上大学的时候，有一次她画了一张

僵尸脸，把我们一帮人吓坏了。可是，自从生了女儿，她完全变了样。

2008 年，女儿出生，周霞便将化妆搞怪的东西统统扔了，说要给女儿做个好榜样。周霞这样说，也这样做了。现在她女儿已经 9 周岁，周霞从来都没有画过浓妆，更没有画过什么熊猫眼、僵尸妆。

我问她，为什么改变这么大？她说："父母的形象会影响孩子一辈子，我想把自己最好的一面展现给女儿，让她健康成长。"

多么伟大的母亲，为了孩子，周霞努力改变自己，竟然实现了 180 度的人生大转变。

对孩子来说，他们深受父母的影响，生活习惯、兴趣爱好、饮食习惯……在孩子形成成熟的个性之前，他们都会参考父母的言行来做。展现给孩子好的一面，孩子就会从父母这里接收到积极的信息；如果父母的生活浑浑噩噩，那么孩子就会接收到负面信息。两种不同的参照物，必然会对孩子造成完全不同的影响。

为了培养孩子的规则意识，父母要承担起自己的角色，从我做起，完善自己，争取给孩子塑造一个良好的参照形象。

方法二：规矩重要，更不能忽视父母的言传身教

为了引导女儿不乱穿马路，每次我带她出门，都会提醒她："红灯亮了，我们等变成绿灯再过去。""看到有人闯红灯，你千万不要跟着学。""过马路的时候，如果走到路中间，发现绿灯变成黄灯了，就抓紧时间快走几步。"……女儿每次跟婆婆一起出门的时候，总会把我对她的叮嘱记在心上，并提醒婆婆也遵守交通规则、注意安全。

为了避免女儿出现晚上躺在床上睡不着的情况，我告诉她："晚上 8 点以后不能看电视、玩游戏。""躺在床上的时候，不要没完没了地想白天发生的有趣的事，可以洗个热水澡，睡前翻看自己喜欢的书。"如此叮嘱一番，女儿渐渐养成了良好的睡眠习惯。

为了让女儿懂得谦让，我会叮嘱她："有好吃的，如果身边有老人，要先让给老人吃。""有好玩的，要懂得分享给小朋友一起玩。"……后来，无论大人孩子，都非常喜欢女儿，夸她是个懂事、有礼貌的好孩子。

当然，在要求女儿这样做的时候，我跟丈夫也起到了很好的榜样作用。

身为父母，一定要经常跟孩子讲规矩的重要性，让他们知道：无规矩不成方圆，只有懂规矩、守规矩，才能更好地生活。如果说一次，孩子听不进去，那就反复地引导。说一百句，孩子能听进去一句，就是成功。

原因 5：父母的无条件满足，是孩子违规的一大诱因

如果父母对孩子溺爱而不管教，甚至心存侥幸，觉得孩子长大后就会变好，任何事情都由着孩子胡来，孩子要什么就给什么，只会让孩子变得任性妄为，无法无天。对于孩子提出的要求，合理的，答应；不合理的，拒绝。只有这样，才能让孩子逐渐建立起一定的规则意识。

晶晶今年5岁，父母都是白领，在外企上班，平时工作特别忙，周末仅有一天的休息时间。尽管如此，他们大多时候还必须去公司加班。于是，照顾晶晶的重任自然落在了爷爷奶奶的身上。爷爷奶奶对晶晶特别溺爱，无论她提出什么样的要求，老人都会全力满足。

最近，晶晶爸察觉到，晶晶越来越招人烦了，不管说什么她都听不进去，一不高兴了就哭；如果想要什么东西，不立刻满足她，她更会哭个没完，而且旁边人越多的时候，她哭得越起劲。比如说，带她去逛游乐场，看到哪个就想玩哪个，不让玩就干脆哭闹。

事实证明，父母的无限满足，也是孩子不守规矩的一大诱因。

如今社会压力一天比一天大，很多父母疲于奔命，根本没时间带孩子，尤其是身兼要职的上班族，加班更是家常便饭，所以他们经常为此对孩子心生愧疚，并想方设法补偿孩子。于是，他们认为只要不出问题，不伤大雅，孩子想要什么，都能无限满足，就差上天摘星星了。可是，给孩子吃最好的、穿最好的、玩最好的，他们就能听父母的话，遵守父母定下的规矩吗？

通常来说，孩子 5 岁左右的时候就懂得试探大人的态度与反应了。如果这时候父母太过溺爱孩子，他们就会我行我素，变得没规矩。不信的话，你可以留心观察，有些孩子哭闹的时候，总会偷看父母的反应。只要父母的态度有丝毫松懈，孩子马上就变本加厉，继续哭闹下去，直到自己的目的达成。更有甚者，如果父母不顺他们的意，他们就会想其他的办法要挟父母或家人。

如果你也是一个忙碌、很少有时间照顾孩子的父母，真心希望你能停下来，用心想想接下来该怎么对待孩子。

方法一：父母逾越规矩的关心不是爱，而是害

周末，几个朋友约好，我们带孩子一起去爬山。为了怕儿子饿了渴了，杜菲准备了一大书包吃的喝的。我问她："来爬山，你怎么带了这么多东西？"杜菲却说："可可每天都要吃很多，我给他带的。"很快我就见识了可可的本领，并替杜菲感到庆幸：幸亏她准备得多！

没走半小时，可可就嚷嚷着要喝水。杜菲把一瓶矿泉水递给他，结果可可只喝了一小口。没过一会儿，可可跟妈妈要面包吃，说自己饿了。杜菲又从包里取出面包，递给他。结果，可可没吃几口就给杜菲，装进书包了。快到半山腰的时候，可可又停下来，跟妈妈要零食吃……

渐渐地，杜菲发现自己和可可跟不上我们，于是让我们先走，并约定好在山顶会合。不到一个小时，我们几个成功登上山顶，然后找了一块空地，坐下来补充能量，感受着"一览众山小"的壮观，大家拍照的拍照，聊天的聊天，异常兴奋。

大约过了一个小时，我们等不到杜菲母子俩，于是决定原路返回，去迎他们。走了半小时，我们在一处休息的平台上看到了他们。当时，可可正在喝水，而杜菲正在帮可可扇风。

趁着休息的时候，另一个朋友对杜菲说："你也太惯着孩子了，他要什么就给什么。走一小段就要水喝，要东西吃，真有那么渴、那么饿？比可可小的孩

子都能坚持，可可怎么就不能呢？"

杜菲无奈地点了点头，说："我也知道有问题，可是不知道怎么改呀。总不能孩子想喝水，不给他喝吧？"

"一路上，你总是问可可渴不渴、饿不饿，你就不能聊点其他的呀？比如你让他看看花花草草，感受一下大自然的美景。如果他从你这儿感受不到你对他精神层面的关心，自然只能在吃喝上对你提要求了……"

这个朋友的观点很快得到大家的认同。

确实，孩子的欲望也是无止境的，父母的无限满足会导致他们胃口越来越大。因此，父母不妨在特定场合给孩子设定必要的规则，比如大家一起出去玩，就告诉他们：要有团队意识，不要总是提无理的要求，让大家来适应你一个人。

方法二：把握好原则和底线，做好监督工作

给孩子立规矩时，一定要掌握好原则和底线，简单明了地告诉孩子能做什么、不能做什么。在陪伴孩子的时候，父母也要充分利用这个机会去监督孩子。

说起玩具，小孩子们都喜欢，只要到了卖玩具的地方，相信大多数孩子都不愿意离开。可是，买了他们喜欢的玩具之后，有几个孩子能坚持玩超过一周？大多孩子过了新鲜劲儿之后，玩具就被束之高阁，成为库房的长住客。

在女儿小时候，我明确告诉她，每个月买玩具的钱最多只能花100元，平时遇到喜欢的玩具，可以看看，但不一定买；而且每周只买一个玩具，每次不能超过20元；如果想买价格高一点儿的，就要坚持连续几周不买。比如她相中了某款100元的玩具，那当月只能买这一件，其他的都不能再买，因为钱花光了。

为了做好监督，每次买完玩具，我都会让女儿学着记账，最后进行统计。长此以往，女儿慢慢就懂得花钱要节制，不该花的钱绝对不乱花。

给孩子制定规矩后，还要让他们意识到父母在日常生活中也对他们进行着时时监督，这样他们就会遵守规矩，对自己的言谈举止有所收敛，同时这也是规矩发挥的重要作用之一。

原因 6：定好的规矩，家长对待太随意

现实生活中总会发生这样的情况：孩子喜欢晚睡，第二天起不来。为了让孩子养成早睡早起的习惯，父母一般都会给孩子规定睡觉和起床时间，但是孩子一哭闹，就不忍心去管了。由此可见，家长对待规矩太随意，也是孩子有规矩不遵守的主要原因。

轩轩和小娟是我们小区里的两个孩子，今年都上幼儿园大班，并且还在同一个班。一个周末，小娟来找轩轩玩，轩轩的表姐恰好也在，三个孩子在一起玩得特别高兴。

做游戏时，小娟忽然看到客厅的小书柜上摆着一个装糖的糖盒，里边装着各种包装的棒棒糖。于是，她就问轩轩的妈妈："阿姨，我可以吃棒棒糖吗？"

轩轩的妈妈爽快地答道："可以，但是你只能拿两个。"为什么只可以吃两个呢？其实这是她平时和轩轩的约法三章——每次吃糖的时候，不能超过两个。

没过多久，轩轩跑到妈妈跟前，说："妈妈，小娟多拿了一个棒棒糖，她说棒棒糖很好吃，要多拿一个回去给她妹妹吃。"

在听了轩轩的话之后，妈妈走到小娟面前，牵着她的手说："宝贝，阿姨跟你说过，每次吃糖只拿两个。如果你想让妹妹也吃，下次就把妹妹带过来，好不好？如果你不能遵守规矩的话，阿姨就不喜欢你了。下次也不会给你糖吃了。"

小娟听了，特别不情愿地把手里多拿的棒棒糖放了回去。

看到轩轩妈妈的做法，很多人可能觉得不以为然，甚至觉得她有点儿小气。实际上，她这是对规矩的一种严肃态度，而且这样做是非常正确的。这次给别的孩子破了例，自己的孩子就会有想法，为什么妈妈只要求自己这样做，却不

让其他孩子遵守？有了这样的想法，孩子就会有样学样，对规矩表现出无所谓的态度。所以，在给孩子立下规矩后，父母一定得明白：只要设定了规矩，就必须去遵守，无论什么情况下，都不能表现出随意的态度。

规矩制定得太过随意、对孩子的要求太过随意、规则的执行太过随意，都会在潜移默化中影响孩子对规则的态度。当他们发现父母对规则不在意的时候，自然也会忽视规则的重要性；当他们发现父母也在按规矩认真执行的时候，他们对规矩的态度就会端正很多。

方法一：父母言而有信，言出必行

家庭教育永远是行多于知，现在社会上那些违法乱纪的人，其实都是知法犯法，所以立规矩仅仅是一个开始，只有真正按规矩行动起来，才会真正起到实际作用。不管给孩子制定什么规矩，父母都要说到做到。

在我们家的规则中，有一条就是：不管是谁，只要表现出色，全家人就会庆祝一下。当然，具体的表现形式灵活多样，比如可以出去吃一顿美食，可以买件自己心仪的小礼物……这些年来，不管是老公拿年终奖，或者孩子取得了优异的成绩，抑或是我的新书出版，我们都会庆祝一番。

女儿上小学之后喜欢上了书法，为了鼓励她，我和丈夫决定，只要女儿认真学习，在书法上表现出色，就会奖励她，奖品虽然不贵，但心意足够。女儿很高兴，学书法的劲头更足了。

在女儿升入二年级后，为了庆祝六一儿童节，区里举办了一场儿童硬笔书法比赛。班主任从班里挑选了几个书法好的，给他们报了名。女儿放学一回到家就把这个好消息告诉了我，我也想看看这两年她学得到底怎么样，便承诺：如果这次能获得前三名，暑假就带她去天津海边玩一趟。

女儿顺利地通过了预赛、决赛，最后捧回了第三名的奖状。她说，老师还表扬了她，让同学向她学习。看到女儿的努力有了结果，我自然也感到很欣慰。暑假不期而至，我便安排了三天时间，兑现了承诺。

从此以后,女儿的学习状态更好了,还总不时地问我:"如果下次我再取得了成绩,妈妈带我去哪儿玩呢?"

我问她:"你想去哪儿?"

"听说上海迪士尼很漂亮,不如我们去那儿吧。"

我知道,女儿又找到了好玩的地方,我便笑着答应了她。

其实,孩子的心思很单纯,父母答应他们的事,他们总是盼着父母能说到做到。所以,如果只给孩子提要求,父母自己却不放在心上,还总是食言,他们自然就会觉得父母只是随口说说,根本没重视,更不会按照父母的期盼去努力做事了。

方法二:对待规矩要有敬畏心理

从内心中,父母一定要意识到,规矩对于孩子是十分重要的,不能随心所欲。

对于规矩的重要性,相信大家都知道,但是真正能够引起注意的并不多,这里举几个例子:

家长甲:升国旗还让穿校服,这么冷的天,不把孩子们冻坏了呀?

(升国旗,穿校服,是很多学校的规定。天冷的时候,为什么不在里边给孩子多穿件衣服呢?)

家长乙:老师,我们公司这几天很忙,家长会的时候我能晚去一会儿吗?

(你忙,老师就不忙?工作重要,孩子的学习就不重要?好不容易有个跟老师交流的机会,你却不重视,还问老师能不能迟到。试问,上班迟到了,老板会怎么对你?)

家长丙:本来应该闺女刷碗的,今天是周末,我来洗,你去写作业吧。

(孩子良好习惯的养成需要长期坚持,一阵冷一阵热,会让孩子晕头转向。本来孩子挺自觉,你倒好,找个借口把孩子堵回去了。)

家长丁:虽然是红灯,但周围一辆车都没有,趁现在赶紧跑过去就行。

(你知不知道,这样做会给孩子造成什么影响?本来还要求他,过马路要看红绿灯。现在倒好,有了你的提醒,这条规则就变成了:只要没车,不管是不是红灯,都能过,而且要赶快跑过去。)

制定规矩不难,难的是父母的态度。如果对待规矩太随意,那么就算想让孩子引起重视,也不可能实现,这样一来,规矩也就失去了意义。

本章小结

★ 随着孩子渐渐长大，他们虽然会越来越有主见，但不懂得自我管理，有时候对一些自己不满意的意见和规定，也无法完整地表达出来，为了引起家长的注意，通常会采取诸如反抗、唱反调、不听话等方式表现出来。

★ 面对孩子种种异于寻常的行为，我们只要尽力去了解孩子的心理，就完全可以发现端倪。

★ 孩子喜欢"耍赖"，他们一旦从这种行为中获得了好处，自然就会故技重演。

★ 孩子不听话、没规矩，都是父母一手造成的。确切来说，是很多父母没有尽到自己的职责，无法满足孩子对爱的需求。

★ 如果父母对孩子溺爱而不管教，甚至心存侥幸，觉得孩子长大后就会变好，任何事情都由着孩子胡来，孩子要什么就给什么，只会让孩子变得任性妄为，无法无天。

★ 在给孩子立下规矩后，父母一定得明白：只要设定了规矩，就必须去遵守，无论什么情况下，都不能表现出随意的态度。

Part 3
给孩子制定规矩，越关注细节，效果越好

细节 1：立规矩前要做足准备，现学现卖，孩子会抵触

很多父母都明白给孩子立规矩的好处和重要性，却忽视了孩子的规矩意识并不是短时间内就能养成的，因此在孩子的规矩意识形成之前，需要认真准备，长期坚持。事实证明，随便给孩子立下的规矩，最终都会不了了之。

细节决定成败，在给孩子立规矩前，要搜集资料、全方位思考，绝对不能现炒现卖，更不能在网上随意扒一篇文章，照抄照搬。

有一个5岁的小姑娘，非常聪明，活泼好动，但是吃饭的时候总挑食，有她喜欢吃的就吃几口，不喜欢吃的一口都不吃。在幼儿园的时候也是这样，幼儿园老师打了好几次电话给女孩儿的妈妈反映。女孩儿的妈妈想尽办法试图改掉女儿这个坏习惯，可是一点儿都不管用，最后只能向孩子爸爸求助。

"能有什么办法让孩子不挑食呢？"孩子爸爸绞尽脑汁，决定要给孩子立规矩。于是，他做了很多准备工作。

这位父亲到底是怎么做的呢？通过上网咨询关于孩子挑食的问题，以及长时间的反复斟酌，他和妻子达成一致，给孩子定下了切实可行的规矩，内容是这样的：

每天早晨准备两三种早饭，让孩子自己选择。首先，一定要选择其中的一样早饭吃。其次，要在规定的时间内吃完，然后再送她去上幼儿园。如果在规定的时间内什么都不吃，就只能饿着肚子去幼儿园了。当然，孩子爸爸已经跟幼儿园的老师说好，如果孩子不吃早饭饿着肚子去幼儿园，

不管她怎么跟老师要吃的，老师都不能给她提供。

　　孩子尝试了两次不吃早饭，知道父母给她定的规矩是不可能被破坏的，不吃饭就真的会饿肚子。于是，渐渐地，她每天的早餐无论是什么，都会吃饱后再去上幼儿园，而且也不再像之前那样挑食了。

　　这位父亲可真是用心良苦，考虑得十分全面，不但找到了立规矩的方法，也想清楚了应该怎样才能保证规矩的有效执行。如果他没有跟妻子以及幼儿园老师在执行方法上达成一致，妻子或者幼儿园老师很可能因为心疼孩子而破坏已定的规矩，久而久之，还是无法改正孩子挑食的毛病。可见，只有做了充分的准备，才能按既定规划进行，否则，就会差错不断，即使拥有强悍的能力，也可能和成功失之交臂。

　　幼儿的成长，一般分为两个重要的阶段：

　　第一个阶段是 1~7 岁的幼年期。这一时期的孩子主要任务是学规矩、懂道理、长知识，因此一定要让他们清楚地知道，什么事情能做，什么事情不能做。

　　第二个阶段是 8~12 岁的少年期。这段时间，虽然孩子的很多行为都处于模仿阶段，可是他们已经有了自己的思维，只不过没有发育完全罢了。

　　所以，给孩子立规矩出现了提前和事后的问题。提前给孩子立规矩，然后监督他们去执行，如果执行得不好，可以对他们进行引导，或者批评、指正。但看到孩子出现了问题之后才想起给孩子定规矩，尽管亡羊补牢，也可能会引起孩子的抵触，或者孩子会埋怨父母"为什么不早说"。

　　想想看，提前和事后立规矩，哪种效果更好？

方法一：多带孩子到特定的场合去体验规矩

　　一旦确立了规矩，还要给孩子创造一个良好的执行环境。比如，孩子不好好吃饭，家里就不要储备过多的零食，同时父母在家的时候，也应该做到准点吃饭、不挑食。此外，让孩子感受到规矩存在的氛围很重要。比如，带孩子去公共场合，让他们看看大家是怎么排队、怎样遵守公共场合的规矩的。

为了让女儿养成良好的阅读习惯，我经常会带她去图书馆或者书店。我们小区附近前两年新开了一个阅读屋，既可以免费阅读，也可以购买你喜欢的书。没事的时候，我就会领着女儿过去看看。

这是一幢两层的小阁楼，一楼是儿童区，书架上摆放着各式各样的绘本、儿童读物；二楼是成人区，大多是文学、经管和社科类的书。无论什么时候到这里来，一楼都没有太大的声音。来了这里几次后，女儿就喜欢上了这儿。而且来的次数多了，女儿也知道了这里的规矩，于是每次过来看书的时候，从来不大声跟我说话，生怕影响别人。

孩子内心多多少少存在着一种攀比心理，看到别人怎样做，他就跟着怎样做，甚至希望自己做得比别人做得更好。并且很多时候即使没有刻意教他，他也能明白哪些做法不对、哪些做法正确。所以说，只要父母给孩子提供遵守规矩的环境，就会在潜移默化中给他们带来一种积极的影响。

环境在孩子成长过程中至关重要。父母把要求、规矩等跟孩子说千遍万遍，都不如将他带到特定的环境中去更有效果。

方法二：规矩不是父母说、孩子听，彼此间要学会沟通

相较于成人来说，孩子的沟通能力差，甚至可以说他们没有沟通能力，所以在给他们明确规矩之前，一定要说明白：规矩到底是什么。比如，想让孩子上学不迟到，就要告诉他：几点睡觉，几点起床，起床后先做什么，再做什么……

2016年的寒假，我跟丈夫带着女儿去了一趟桂林。为了保证安全，出发前我跟女儿说了很多注意事项：出门在外，一定要跟紧大人；坐火车的时候，没事不要来回走动；饿了，就跟我们要点东西吃；渴了，就自己喝水；想上厕所，跟我们说一声再去；不能在车厢里大声喧哗，可以跟周围的小朋友一起玩，但要注意安全……

最后，我问她："刚才跟你说的这些，你觉得合理吗？"

女儿想了想，说："嗯，合理。如果不这么做的话，我可能就会走散，或者影响到别人。"

给女儿提完要求和规矩之后，我让她想想自己有什么问题需要补充的。对于她提出的问题，我一一做了回答，比如：游玩的时候，能不能乘船？遇到喜欢的东西，能不能买？爬山的时候是否要准备登山杖……

所有的问题都协商好之后，我们逐项列出来，然后打印两份。心里有了出行准则，那趟桂林之旅确实避免了不少麻烦。

随着孩子逐渐长大，并且越来越有独立自主意识，在给他们订立规矩的时候，不妨多听听他们的想法，尊重他们的意见。只有这样，制定出来的规矩才容易被他们接受，并且很有效地执行下去。

对于年龄大一些的孩子，他们往往能自由表达自己的需求和情感，给这样的孩子订立规矩之前，一定要多跟孩子沟通、交流，更深层次地了解他们内心的需求，然后跟他们一起商量着立下更符合实际的规矩，让他们遵守。

细节 2：根据孩子的年龄制定规矩，对症下药

谁都不是圣人，都有自己的优点和缺点，孩子同样如此。不同年龄的孩子会表现出不同的特点，所以在给孩子制定规矩的时候，必须考虑孩子的年龄，以及他们具有怎样的心理特点与内心需求。只有对症下药的规矩才能取得理想的效果。

去年春天一个阳光明媚的周末，我跟女儿在小区空地上晒太阳。女儿跟小朋友们一起玩，我跟几个孩子妈妈坐在一起聊天。

"小敏，别乱跑，你给我站住！"小敏跑来跑去，小敏妈吼她，可3岁的小敏根本不听她的。

小敏妈见孩子不听，更加大声地冲她喊道："你听到没有？再跑就撞到人了，就会被警察叔叔抓走！"小敏还是跟没听到一样，一直往前跑。

小敏妈十分生气，却一脸的无奈，紧接着又弱弱地说："孩子，妈求你别跑了行吗？妈头都疼了！"然后她把头转过来，对我说："老师，你看，我姑娘就是这么淘气，我每天工作都累死了，她还不听话，我简直快要崩溃了。"

我对她说："让我试试吧。"

然后我抬头喊了小敏一声。特别有意思的是，我一喊她，她就停了下来，走到我身边。我看着她，她也看着我。然后，我伸手扶着她的肩膀，用温和可亲又十分坚定的语气问她："你为什么要跑呢？"

结果，她的答案让我深感意外："奥特曼。"不过，这个回答也让我彻底明白她为什么要跑了。

我问她："你想做奥特曼，是吗？"

小敏回答说："嗯。奥特曼就是跑的。"

我又问她："那奥特曼在家里的时候，是不是也要跑呢？"

小敏想了想，回答道："他在家的时候不跑。"

"这样，我们在外面的时候，就做跑起来的奥特曼，在家里的时候，就不跑了，好不好？"

小敏认真地看着我，说："好！"然后，她就去跟小朋友们玩了。我和小敏妈一边聊天，一边留意着小敏。发现现在她和小朋友一起玩的时候，就不像之前那么跑了，而且还不时看看我，每次她看我的时候，我都向她竖起大拇指，然后我们对彼此笑一下。

旁边其他人，包括小敏妈在内，都感到非常惊讶，不明白为什么小敏这么容易就听我的话。

其实，并不完全是因为小敏认同了我的话，更主要的原因在于榜样的力量。小敏妈对小敏又是吼、又是喊，即使声音再大，也无法成功吸引她的注意力。再有，小敏妈企图用责备和威胁来"控制"小敏，却正表现出了她的无力"控制"，小敏心里想的其实是："我不听话就赢了。"小敏妈放弃后，她就更觉得自己胜利了。

家中有个淘气的孩子，很多父母都会感到异常烦恼，所以，通过给孩子立规矩让他们逐渐懂得自律，并对自己的情绪、行为及态度负责。

当然，给孩子立规矩，还要注意一个不可忽视的前提，就是对孩子有一个全面的了解。让一个只有5岁的孩子每天背诵30个英语单词，肯定做不到；让一个12岁的孩子，每天问候老师好，对他来说似乎有点小儿科。所以说，制定的规矩，适合孩子的，才是最好的！

现实生活中，很多父母都信奉"知子莫若母"，觉得孩子是自己的，自己最了解。其实，大多时候不是孩子什么都不懂，而是父母什么都不了解。孩子的成长环境不同，导致他们会有自己的个性，如果想跟孩子心贴心，父母就要用心地了解自己的孩子，发现他们的优点和缺点，并认真思考他们为什么会有这些缺点、怎样才能纠正，接下来再有针对性地给孩子立规矩。

那么，为人父母，要怎样才能全面了解自己的孩子呢？

方法一：孩子年龄不同，给他们定规矩的标准不同

不同年龄段的孩子，对事物的理解和接受程度是不同的。八九岁的孩子可以轻松地理解"不能以大欺小"，可是对五六岁的孩子来说，理解起来就比较困难，因为生活中他们才是被欺负的对象。对于学龄前的孩子，要求他写一手漂亮的毛笔字，是根本不可能实现的；对于不善言谈的孩子，非得要求他当众表现积极，简直是难为他。

有两个男孩儿，哥哥亮亮17岁，弟弟林林10岁。弟弟林林的成绩好，而哥哥亮亮的成绩虽然也不错，但每次英语考试，亮亮都没有林林的得分高。

妈妈很不高兴，问亮亮："你是怎么当哥哥的，英语成绩还不如弟弟？"

亮亮不满地说："他不就比我多了5分嘛。"

妈妈："5分？你知道高考5分能落下多少人吗？"

亮亮："可我在我们班，英语成绩是最好的。"

妈妈："最好，也没有你弟弟分高，他可是满分。"

亮亮终于忍不住发怒了："你怎么不比比我们两个英语的学习难度呢？他们小学英语的难度怎么能跟我们高中英语的难度比呢？"

跟高中英语难度比起来，小学的英语难度的确是小巫见大巫。亮亮妈单纯看两个儿子的英语得分而武断地批评哥哥亮亮，并要求他英语也能考100分，确实有点儿不切实际。所以我总是强调，在给孩子制定规矩或提要求的时候，一定要结合孩子的实际情况，可以稍微高一点儿或者低一点儿，但高低的尺度要把握好，如果太离谱，结果就会跟最初的目的背道而驰。

方法二：懂点儿童心理学，给孩子定规矩更轻松

了解孩子的方法有很多，可以跟孩子多聊天，也可以观察他们的言行举止。可是，如果你想真正了解孩子，一定要掌握一些儿童行为心理学，以及他们成长过程中的规律，找到跟他们沟通的正确方法，这样，以后给他们立规矩的时候就会相对顺畅、容易多了。

女儿上三年级的时候，班主任为了让班里的学生养成阅读的习惯，专门召开了一次家长会，要求家长平时给孩子买些课外书读。说实话，对于学校的这种做法，我是十分赞同的。一来，小学阶段课程还不算太紧张，孩子们有大把的时间读课外书。二来，从小让孩子养成阅读的习惯，对于他们将来的学习大有裨益。

可是，在"究竟要为孩子买些什么书"的问题上，不少孩子的父母提出了质疑。

学生家长甲说："我给我儿子买了一套儿童版本的外国名著，可是他根本不感兴趣，一点儿都不看。"

学生家长乙说："为了培养我女儿的文学素养，我买了中国四大名著，还是古文原版的，她也不看。"

学生家长丙说："我儿子只喜欢看《爆笑校园》，里边都是一些笑话，能看吗？"

……

对于不少父母的发言，我觉得有点可笑。虽说他们的目的是好的，可是做法却值得商榷。让一个三年级的孩子读原版名著，他能啃得动？既然孩子喜欢《爆笑校园》，就给他买全套，让他读。

其实，阅读最主要的目的就是为了开阔视野，只要课外书的内容不违背孩子的身心发展，任何一本他们喜欢的书都会发挥作用。《爆笑校园》在我们看来跟经典名著不能相提并论，但还在孩子课外书的可读范围内，既然他们感兴趣，

没有教不好的孩子,只有不会教的父母:
这样定规矩,孩子不会抵触

为什么要限制呢?

对于给孩子买课外书这件事,我个人的意见是:只要符合当前孩子年龄段的书,都可以买来供他们阅读。不见得一定要买那些跟教科书捆绑在一起的学习资料。事实也证明,只要父母对孩子多用点心思,孩子的教育就会变得简单一点儿。

细节 3：笼统模糊的规矩会让孩子感到无所适从

给孩子设定的规矩越具体，亲子之间的关系就越和谐。如果给孩子设定的规矩是模糊的，孩子根本没有执行的方向，即使执行了，很可能也是片面的，就会很容易引发亲子的矛盾和口角。

小文妈明白给孩子定规矩的重要性，但总是为此跟自己9岁的儿子小文产生矛盾，而且很多时候并不是小文的错。因为小文妈给他定的很多规矩，不但不具体，有时候还会前后矛盾，这让小文总是感到无所适从。

小光的妈妈就不同了，她不仅给小光明确地定好规矩，小光跟她配合得也很默契。

下面我们就来看一下两位母亲是如何给孩子定规矩的。

小光妈会告诉小光："出去玩之前，一定要先把房间收拾好，被子叠好，玩具放进玩具箱，把地扫干净，鞋子放到鞋架上……"

那么，小光是如何记住这些规矩的呢？很简单，墙上悬挂着一个规矩表，上面清晰地记录着每一条规矩，小光起初也记不住，于是妈妈想了这么一个办法，所以后来每次小光出去玩的时候都会从头到尾仔细核对一遍，看看自己是不是都完成了。渐渐地，小光养成了习惯，出门前不用再逐一检查就能全部做到位。

同时，一旦小光忘记遵守规矩或者没有严格按照规矩来做，小光妈就会及时对其进行惩罚，以提高孩子自觉执行规矩的观念。当然，如果小光按照规矩做完事情之后，小光妈也会及时表扬、鼓励他。

相反，小文妈总是对小文说："出去玩的时候，记得先把房间收拾好了。"除了这句话之外，既没有规定如何收拾，也不像小光妈那样逐项列出来。所以每次小文收拾屋子都丢三落四，即使收拾了房间也总被妈妈唠叨，不是没有把书放到书架上，就是没有把玩具放到收纳箱中……小文妈同样也很苦恼，她想不明白为什么小文连收拾屋子这样简单的事情都做不好。

小文妈之所以会跟孩子发生争吵，是因为她给小文定下的规矩太笼统了，没有明确说明"把房间收拾好"到底要做哪些事情，因此，发生冲突在所难免，而这也并不全是小文的错。

其实，有的孩子并非不想守规矩，而是因为父母定的规矩太模糊，他们往往不知道具体该怎么办。要求孩子早上早点儿起床，但不规定明确的时间，孩子自然缺少"早起"的概念，执行起来就会拖拉；要求孩子学好英语，但不明确要求他们是能背单词、背诵课文，还是能够把口语练好；要求孩子做家务，却不告诉他们都要做哪些，他们做的时候肯定会丢三落四……所有这一切都是因为父母的规矩说得不具体。

职场中，领导都会给员工提出具体的要求，事实也证明，要求越具体，员工越容易出成绩。因为有了要求，他们就知道方向在哪里，只要认真朝着这个方向做下去就可以了。如果领导想让员工提高工作效率，却不将方法告诉他们，他们改善的幅度自然就会差很多。同样的道理，给孩子定规矩的时候，父母也必须做到明确、具体，千万不能囫囵吞枣、泛泛而谈。

对一些事情的理解，孩子年龄越小越容易形成形象记忆，所以为了减少亲子间的误解，父母定的规矩必须条分缕析且容易理解，有时候甚至可以提出详细的操作步骤或者给他们做一个示范。举个例子，如果给孩子布置劳动任务，孩子完成得不理想，父母一味地斥责，只会降低孩子的积极性。反之，如果教给孩子具体的方法，最后他们不仅能省时省力，还能做得非常好。

方法一：对孩子的要求一定要清晰、具体

有这样一个故事：

6岁的岩岩坐在餐桌前，不紧不慢地吃着早餐。妈妈急坏了，对他说："岩岩，快点吃，我要迟到了。如果再不快点，妈妈就要被开除了！"可是，岩岩根本不在乎，依旧慢吞吞地"品尝"着那碗粥。

这时候，爸爸走过来，表情严肃地说："你妈他们领导今天从总部过来，早上要开集体大会，谁迟到开除谁。再给你10分钟的时间，7点20分必须吃完！"听了爸爸的话，岩岩这才加快了速度。

多么强烈的对比。岩岩之所以不听妈妈的话，是因为他根本理解不了妈妈内心的真实想法，妈妈只是告诉他：快点吃，要迟到了，迟到会被开除。这些信息都是模糊的，第一，妈妈没有说明"快点吃"是让他多久吃完；第二，可能之前岩岩也出现过吃饭慢的情况，妈妈也迟到过，但是并没有被开除，因此他可能觉得妈妈是在吓唬他。而爸爸的话却将问题的严重性告诉了他：总部领导过来，准时开会，迟到就会被开除，7点20分必须吃完。

由此可见，将规矩具体、明确地告诉孩子是多么重要。

孩子年龄小，对很多事情都没明确的概念，有时候无法理解父母的心思，所以一旦要求不具体，他们无法意识到问题的严重，自然也就不会配合了。要想让孩子照章办事，规矩和要求就必须简单、具体。

方法二：在问题出现前准备好应对措施，才能避免尴尬

父母一旦发现孩子不能遵守某种规矩时，完全可以从他们的兴趣出发，引导他们。比如，学校举行运动会，老师会要求没有参加比赛的孩子在场外观看。如果孩子对这种比赛不感兴趣，过程中为了保证孩子们全部在座位上坐好，保

证安全，可以让他们带几本自己喜欢看的漫画书。在运动会的进行过程中，如果孩子们的新鲜劲儿过了，又没法离开座位时，可以让他们坐在后边看看书，这样不但不会破坏运动会的秩序，也不会让孩子觉得乏味。

不知道身为父母的你有没有过这样的经历：同学有约，想一块聚聚，但孩子非要跟着去。你认为这种聚会氛围轻松，也想让孩子多见识一下，于是同意让孩子跟你一起去。但孩子的目的其实只是为了好玩，或者是吃东西。等孩子觉得没意思了，就坐不住了，不是缠着你要回家，就是动动这儿、摸摸那儿，到处乱窜……

这时候应该怎么办？有些父母可能会拿出手机，让孩子看动画片或者玩游戏。其实，除了这种方法，还可以提前给孩子准备一些新奇的玩具或绘本。也可以跟同学或者朋友说好，带上各自的孩子，这样孩子们彼此间也有个玩伴能打发时间。

换句话说，只有父母把孩子可能出现的问题想在前边，并针对这些问题采取一定的应对方法，做到防患于未然，就能平静自如地面对，避免发生一些尴尬的事情。

细节 4：规矩的制定要因人而异，不能随大溜

每个孩子成长的环境不同，养成的习惯以及对事物的认知也会不同。如果孩子本来就知道遵守乘车规则，父母还是不停地反复述说，就会让孩子感到厌烦。所以，根据孩子的特点和短板给孩子立规矩，要有所侧重，切不可随大溜，眉毛胡子一把抓，看到别的父母怎么做你就跟着怎么做。

乐乐和雯雯是一对双胞胎，乐乐性格活泼，雯雯文静内向。一天，妈妈带姐妹俩出门，遇见院里的张爷爷。乐乐非常有礼貌地和张爷爷打招呼，而雯雯则害羞地躲在妈妈身后，怯怯地看着他。

遇到这种情况，很多父母会说："再不打招呼，爸爸妈妈就不喜欢你了啊！"这样呵斥的结果，当然不能令人满意。雯雯妈却相反，她揽过雯雯说："见了爷爷奶奶要打招呼，要叫人。可能今天你和张爷爷还不是很熟，以后熟悉了就会主动叫了，对吗？"

在妈妈的鼓励下，雯雯小声地叫了一声"爷爷"。

张爷爷乐得眉眼都成一条缝了，摸着雯雯的脑袋说："真是个好孩子。"

雯雯胆小内向，遇到陌生人，她肯定会感到紧张和害怕，这种情况下，谆谆善诱、积极鼓励才能慢慢激发出雯雯的勇气。如果用同样的规矩、相同的方法去教育乐乐，相信实际效果就会大不相同。所以，父母给孩子制定规矩的时候，也要因人而异。

世界上没有两片相同的树叶，更没有两个完全一样的人。不同的家教方式和不同的成长环境都会养出气质、性格完全不同的孩子，并导致他们的行为、

意识完全不同。因此，父母一定要细致观察、了解孩子，用最合适的方式管教他们。同时，对孩子进行有目的、有意识的启发，诱导他们树立良好的规则意识，从小就能获得明辨是非的能力。

所有的方法都不是一成不变的，也不是所有的孩子都很好管教。对不同的孩子，用不同的方法、制定不同的规矩，以满足孩子的成长需求。随着孩子年龄上和心理上的逐渐成熟，家长的教育也不能死板，因为给3岁的孩子制定的规则肯定不适合13岁的孩子，所以父母必须及时调整，以适应不同年龄阶段的孩子。

每个孩子都有每个孩子的个性特点，制定规则的同时，不能违背孩子的独特个性。千篇一律的规矩只会将孩子培养成同一个人，失去个性。想想看，生活中，每个孩子说话语气都一样、脸部表情都一样……会是多么恐怖的一件事。

方法一：弄清孩子的性格，制定相应的规矩

我的邮箱中存着这样一封信：

老师好：

今天我感到很郁闷，本来放暑假了，大家都开开心心的，可是我却高兴不起来。事情是这样的——

放假后，妈妈就带着我回到了在云南的姥姥家。姥姥家的村子里种着很多银杏树，听说树龄很大了，每一棵都长得很粗。每次到姥姥家，姥姥都要带着我和几个亲戚家的孩子在银杏树下玩。可是，昨天姥姥为了让我们切身体会银杏树的粗壮，居然让我们伸手抱拢大树。

看到在树干上爬上爬下蚂蚁，我不敢抱。最后，其他几个孩子都抱了，只有我没抱。回去的路上，姥姥唠叨了我一路，其他的孩子也都瞧不起我，说我是胆小鬼。我妈听说了这件事后，不仅没有为我辩解，还硬拉着我来到这棵银杏树下，让我抱，说是让我感受生命的力量。可是，我都快被吓哭了。一想到抱银杏树的过程中蚂蚁可能会爬到身上，我就浑身起鸡皮疙瘩。最后，我受不

了了，哭着对妈妈说："我胆子本来就小，这棵树上有蚂蚁，我怕蚂蚁爬到我身上咬我，我有错吗？为什么非要让我抱这棵银杏树呢？你们怎么不抱？"

或许是我的反抗出乎妈妈的意料，也或许是妈妈知道了我不愿意抱这棵银杏树的理由，后来她没再要求我抱树，转身走了。我站在原地，心里觉得委屈极了。

烦恼的小 D

看到这封信后，我立刻给这个小姑娘写了封回信。在这里，我并不想说回信的内容，只想借这个故事提醒所有的父母，每个孩子都有自己的想法，如果孩子拒绝按照父母的要求做事，这时候一定要弄清楚他们抵触的原因。小姑娘本来看到蚂蚁就害怕，家长还非要让她抱银杏树，确实有点强人所难。

活泼好动的孩子，总喜欢蹦蹦跳跳，探索新鲜事物，热爱自由，不喜欢受到约束，更讨厌规矩的束缚，但是他们往往十分乐观。教导这类孩子，一定要摒弃传统刻板的教育方法，运用活泼有趣的方式对他们进行引导和教育。与之相反，乖巧、文静、被动的孩子，往往万事忍让，不爱与人发生争执。对于这样的孩子，建议父母给他们设定完成任务的时间，并且不要过分地催他们，可以用提问的方式，让他们明确自己的立场和意见。

方法二：要求孩子时，要建立在他们的兴趣爱好之上

看到家长都给孩子报了课外辅导班，李海很着急，带着孩子来找我，问我究竟该给孩子报哪些辅导班？于是就有了下面我和李海以及李海女儿的对话。

我与李海的对话：

我："你知道你女儿喜欢什么吗？"

李海："不知道，什么热门就学什么呗，慢慢地就会喜欢了。"

我："你给女儿报辅导班的目的是什么？"

李海："让她拿奖。"

没有教不好的孩子，只有不会教的父母：
这样定规矩，孩子不会抵触

我与李海女儿的对话：

我："你想报辅导班吗？"

李海女儿："不想。我爸说，他想让我学二胡，但我不喜欢。"

我："你喜欢什么？"

李海女儿："我喜欢花和草。"

我："我知道有个教孩子学插花的，你想学吗？"

李海女儿："想！"

……

听了我们的话，李海的脸都绿了："整天摆弄花草有什么出息？再说摆弄花草有什么难的，是个人都会插花。"

最后，李海不顾女儿的反对，给孩子报了二胡班。可是，孩子对二胡根本就不感兴趣。有几次我还碰到过拿着二胡赶去学习的他们，每次碰面，孩子都会向我投来求助的目光。结果，学了一个月，钱花了不少，李海的女儿还是什么都没学会，最后跟不上老师的进度，只能从辅导班退了学。

李海拗不过女儿，托我介绍了插花班，同时给女儿提出了要求："好好学，给我拿个奖回来。"

李海的话，听着有些可笑，世上根本没有插花奖啊。但是，那年母亲节，学校举办了一次庆祝母亲节的活动，老师让孩子们自由发挥，表达对母亲的爱，结果，李海女儿的插花作品受到全校师生的好评，真的捧回了个一等奖回家。李海看着女儿的奖状，赶紧给我打电话告诉我这个好消息，我也由衷地替他感到高兴。

兴趣爱好能够反映出一个孩子渴望的生活状态。对父母来说，为了提高孩子的学习成绩，让他们赢在起跑线上，会强制孩子学奥数、学钢琴……虽然出发点都没有错，可是一定要明白，只有孩子真正感兴趣的东西，才能为他们带来学习的动力和兴趣。

细节 5：鼓励孩子参与规矩的制定

鼓励孩子参与家庭规则制定是尊重孩子的一种体现，同时也会令他们内心升起自豪感，在执行过程中自然就会认真很多。而且，只有让孩子参与其中，父母才能知道他们真正的需求。父母一厢情愿地制订规则，很可能会违背孩子的意愿，对亲子关系的和谐极为不利。

小熊妈是一名高中教师，经常去学校监督学生上晚自习。

最近半年，小熊的学习习惯变得特别差：从来不主动完成作业，字迹潦草，错误率高。尤其是妈妈去学校监管晚自习的时候，写作业更拖拉，爷爷奶奶拿他一点办法也没有。

有一天，妈妈看完晚自习，回到家的时候已经9点了。小熊放学之后这么长时间，刚刚写了预习作业，作文和英语作业一个字都没有写。看到小熊贪玩不写作业，妈妈顿时就愤怒了，扬起手狠狠地打在了小熊的屁股上。

看着一边抓紧写作业一边哭泣的小熊，妈妈也有点后悔，忍不住掉下泪来。

第二天早上，妈妈为了让小熊以后不再这么拖拉，便问小熊："你知道昨天晚上我为什么打你吗？"

谁知道小熊却笑嘻嘻地说："妈妈，这有什么感想啊？你就应该感谢你生活在中国。如果是在美国，你就犯了虐童罪，是要进监狱的！"

妈妈听了一下子愣住，随后马上意识到，自己的一些教育理念已经落后了，必须得改变今后的教育方式。

在传统教育当中，父母、老师往往会习惯性地利用传统的"威"和"势"让处于劣势的孩子去接受、遵守这样的不平等，甚至一切规则的制定和处理办法全部都由父母、老师说了算，根本不允许孩子参与到规则的制定中，他们能做的只有顺从，如果敢说半个"不"字，就是不理解父母的苦心、叛逆、调皮、不听话……

其实，从客观的角度来讲，作为一个生命个体，孩子有权参与家庭规则的制订，即使是父母和老师，也不能剥夺他们的这些权利。于是，周末的时候，妈妈跟小熊进行了一次严肃的对话，母子俩一起商定了一个关于小熊写作业的规定：每天放学回到家之后第一时间认真写老师留的作业，遇到难题可以暂时先放一放，等把会做的都做完，再做遗留的难题，如果实在解决不了，就标出来，第二天寻求老师的帮助。

规则制定后，小熊根据实际情况，把放学回家之后写作业的科目和时间都做了细分，哪个时间段写数学，哪个时间段写语文……并贴到桌旁边的墙上。渐渐地，小熊养成了良好的学习习惯，妈妈再也没有因为学习的事情费过心。

有些父母觉得孩子还小，很多事情超出他们的能力范围，是他们管不了的，包括规则的制定，让他们参与进来只会坏事儿。实际上，不尊重孩子的意见，不顾忌孩子的感受，规则就成了一种冰冷的命令。这也是为什么在现实生活中很多孩子不满父母定下的规则，并进行反抗的原因。不可否认，案例中小熊妈就做得特别好。她改变了自己的教育方式，尊重小熊的想法，和小熊一起商定写作业的规则，并且最终达到了预期的目的。

在传统的教育观念中，孩子从来都是规则的被动遵守者和执行者，根本没有机会和资格参与规则的制定。随着教育改革的逐步深入，当今的父母应该从传统的教育模式中跳出来，尤其是制定规矩的时候，鼓励孩子参与进来，多听听他们的想法和意见，久而久之，孩子就会从父母这里获得尊重感和自信心，长大之后才会发自内心地尊重自己的选择、经营自己的人生。

别看孩子年龄小、阅历浅，但他们从出生的那一刻起就有了自己的思想、有自己的认知和理解。制定规矩时父母大包大揽，不仅会引起孩子的抵触，执行起来难度较大，而且还不利于亲子沟通，更可能引发更多的矛盾和误会。相反，鼓励孩子参与到规则的制定环节，不仅可以让他们发现自己的弱点和不足，还能想到一些实际有效的解决问题的办法，提高执行规则的积极性和自主性。

在中国，很多父母的幼年时期都没有过平等协商的经历，所以教育孩子时，潜意识里就会要求孩子无条件地服从自己。尤其是上了年纪的父母，让他们跟孩子平等协商，他们总会觉得有失身份和颜面，进而觉得力不从心、无所适从。与孩子平等地协商是所有新时期父母都需要上的一课。

方法一：与孩子平等协商

我们小区有个叫小虎的男孩儿，正应了他的名字，他确实长得虎头虎脑，身宽体胖，力气很大。听小区里其他的孩子说，小虎太霸道了，所以他们都不喜欢跟小虎玩，更不敢轻易招惹小虎。可即便如此，小虎每次看到他们，还是会跑过去跟他们一块儿玩。有些孩子为了不被小虎欺负，见他来了，就去别的地方玩儿了。

去年夏天的一个傍晚，一个中年男人领着一个小男孩儿敲响了小虎家的门。原来，下午的时候，小虎跟这个小男孩儿要钱，小男孩儿告诉了家里的大人，他的爸爸气不过，领着孩子找上门讨说法。小虎爸曾经不止一次提醒过小虎，让他不要欺负别的孩子，可小虎根本不听这一套。这次被人家找上门，小虎爸顿觉颜面扫地，当着那对父子的面狠狠揍了小虎一顿。小虎挨了打，心里气不出，哭着跑了出去。到了晚上9点，小虎还没回来，只能全家总动员去找他。

夏天天气闷热，大家都睡不着，在小区的空地上聊天，听说谁家在找孩子，于是都帮忙打听。看着小虎爸一脸焦急，了解事情原委的人都说："哎，当初你怎么就不跟孩子好好说呢？"

庆幸的是，没过一会儿，就有人给小虎爸打电话，说在附近的超市找到了小虎，大家这才放了心。

父母要求自己的孩子不准欺负其他小朋友，这种做法固然是正确的，可是一旦孩子犯了错，有些父母不是冲孩子大喊大叫，就是打骂孩子。其实，越是这个时候，越需要父母冷静。

就拿小虎的这件事来说，小虎爸完全可以心平气和地告诉小虎，如果他缺零花钱或者觉得现在的零花钱不够，可以跟父母说，父母肯定不会不给他，至少会根据实际情况适当增加，同时跟小虎说好，要节俭、不乱花钱。如果因为缺少零花钱而拦住别的孩子要，一旦养成习惯，将来长大了很可能会走上犯罪的不归路，这样的话，他不仅会被抓进监狱，失去人身自由，而且他的一生就彻底毁了，任谁都没办法抹去这个污点。

相信现实生活中很多人都像小虎爸那样，不会抱着平等、尊重孩子的态度跟孩子谈，总是觉得孩子年纪小，便用居高临下的态度管理他们，实际上越这样，越容易引起孩子的抵触和叛逆心理，甚至会有孩子做出让大家担心的事。

其实，别看孩子小，只要他们能从父母的态度中察觉到尊重和关爱，就会听话地按照你说的去执行；如果父母总是摆出一副居高临下的态度，孩子就很容易产生敌意，进而挑战父母，原本遵守的规则，也会故意破坏。

方法二：可以采取家庭会议的形式

制定规则最科学的方法是家庭全体成员都参与讨论，营造一种平等、民主的气氛，父母和孩子都能充分表达自己的意见和感受，绝对不能父母独断专行，把自己的意志强加给孩子。

我的高中同学王梅在一所中学教语文，她本人非常喜欢文学，因此带出来的学生也大都文绉绉的。王梅很喜欢写作，偶尔有学生写的作文不错，她会让我看看、点评一下。记得她曾让我看到过这样一篇学生作文：

我爱我家

说到我家,有一点跟别的家庭不一样,那就是我的爸爸妈妈十分开明、民主,从来没有把我当成年幼无知的孩子来对待,不管遇到什么事,他们都会跟我商量,征求我的意见,而且事后大家都会遵守商定的规则。所以我们家的气氛一直都很和谐、有爱,家里从来没有发生过争吵。

在家里,我爸爸是大领导,纵览全局;我妈是二领导,负责家务工作;我是小领导,主抓学习。平时生活中遇到的大事小情,凡是需要商量的,我们都会召开三人会议。经过一番商量之后,整理出具体的做法和规则,才会贴到墙上,大家自觉遵守。

为了规范言行,在我很小的时候,爸爸妈妈就制定了明确的家庭守则,而且每过半年就在原来的基础上改进一次,增加一些新的需要遵守的条目,并重新贴到房间的墙上。

有一次,同学李璇来我家玩,看到墙上贴的这些家庭守则条目,竟然呆了半天:"你们家怎么搞得跟去公司上班一样?我爸他们公司就是这样,办公区的墙上贴着员工行为守则之类的。"

我只是笑了笑,并没说什么,这是我家的小秘密。正是这些家庭守则,让我们一家三口一直以来都能相亲相爱,从来没有红过脸或者发生过争吵。不像有的家庭,整天吵吵嚷嚷的,把家里搞得鸡飞狗跳,不得安宁……

我永远记得我第一次看到这篇作文的时候,我的脑海中突然闪现出了这个温馨的一家三口开会的情景,大家探讨着某个问题,时而说笑、时而严肃。而这不正是如今我们一直提倡的父母与孩子之间平等、尊重的相处之道吗?

让孩子参与家庭会议,父母用心倾听他们的意见,不仅会增加彼此的信任,还会提高他们的家庭责任感。在这种环境下成长起来的孩子,又怎么会是自私、无能的呢?

细节 6：赋予孩子一定的权利，是他们遵守规矩的契机

尊重孩子，给孩子一定的权利，孩子的人格就会慢慢健全起来。比如，让孩子监督家庭成员对规则的实施情况，这样他们执行规则的积极性就会有所提高。

女儿上幼儿园的时候，有一次家长会，关于如何赋予孩子权利的事，李老师给我们讲了这样一个例子：

> 小明是个特别调皮的孩子，平时上课捣乱，总是不听老师的话。下课就更淘气了，总是把擦鼻涕的纸随地乱扔，弄脏班级环境。其他小朋友多次向李老师反映这个问题，于是他便找机会跟小明进行了一次谈话。
>
> "小明，擦鼻涕的纸要扔到垃圾桶里，老师有没有说过？"
>
> "有。"
>
> "那你为什么还要随地乱扔呢？"
>
> "班级是大家的，对不对？大家一起玩、一起吃饭，随地乱扔不仅破坏班级环境，还会给大家带来不便，以后不要这样了，好不好？"
>
> "嗯。"
>
> "其实，老师把你叫过来是想请你帮我一个忙，你愿意当咱们班的卫生检查员，每天监督大家保持好教室的卫生吗？"
>
> "能！"小明笑嘻嘻地大声答应着。
>
> 从那天起，小明每次擦完鼻涕后都自觉把纸扔进垃圾桶，逐渐改掉了随手乱扔垃圾的习惯。与此同时，他也认真地督促别人。一次幼儿园评选

"卫生先进班集体"，小明所在班集体还捧回了一面小红旗。

李老师把卫生检查员的任务交给了调皮的小明，不仅提高了他的责任意识，也能让他时刻注意保持自己的卫生。慢慢地，小明改掉了从前随手乱扔垃圾的坏习惯，还为班集体捧回来卫生先进的荣誉小红旗。可见，赋予孩子一定的权利，增强责任感，真的能很好地让他们接受和遵守规则。

如果孩子仅限于知道规则，父母又不给他们参与或者实践的机会，他们就无法将其转化成实际行动，所谓的规则也不过是"纸上谈兵"。要想让孩子把对这种规则的认识变成习惯，父母就需要赋予孩子一定的权利，让他们和小伙伴互相监督，一旦让他们觉得特别有意思，就会更加积极地参与，在这个过程中又会不断强化和提高他们遵守规则的意识。

家庭中，让孩子负责监督爸爸抽烟、监督妈妈吃零食；学校里，定期选举班长、课代表、各小组长等，都是父母和老师对孩子信任的一种体现，有了这种被信任、尊重的感觉，再赋予他们权利的时候，他们往往能够非常认真地去执行。所以说，在给孩子制定规矩的时候，不妨同时赋予他们一定的权利，让规则的履行更加顺利。

方法一：父母的信任是孩子做事的动力

赋予孩子某项权利的时候，父母切记：千万不能只是说说而已，一定要实实在在尊重并配合孩子行使权力、履行义务。做这件事情的前提就是要对孩子多一些信任，因为父母的信任会让孩子对于权利的掌控更有信心。

浩轩正在上初二，性格温和，学习中等，爸爸妈妈没有对他提出过高的希望和要求，只盼着儿子能健健康康地长大就好。可是，初二下半学期，妈妈偶然发现浩轩居然学会了抽烟。那天儿子出去打篮球，妈妈出门办事，正好经过篮球场，看到一帮男孩子玩累了在球场上一边休息，一边抽烟。

为了让儿子改掉抽烟的坏毛病，妈妈郑重其事地跟找浩轩谈话，可是浩轩却说:"别人都抽烟,为什么我不能?再说,我爸还抽呢。"他爸爸知道以后,表情严肃地向浩轩妈保证:"为了儿子,我愿意戒烟,并愿意接受儿子的监督。"

于是,从此以后父子俩开始互相监督,一旦发现谁忍不住抽烟了,就会对他进行惩罚。相对来说,浩轩抽烟的时间比较短,戒起来很容易,但是浩轩爸抽烟时间太长了,烟瘾较大,有时候实在忍不住就偷偷地抽一根,还总被浩轩逮住,并按照约定,洗一个星期的碗。

要知道,很多男人宁愿给家人做饭,也不愿意干洗碗的活。浩轩爸因为抽烟被浩轩逮到两次,所以按规定要洗两个星期的碗,结果刚洗了一个星期,他就忍无可忍了,向儿子求饶,可浩轩不依,就连浩轩妈也站在浩轩这头。最后浩轩爸无奈,只得又洗了一个星期,并且之后再想抽烟的时候,一想到还要洗碗,就会尽量克制,渐渐地,终于把烟给戒了。

浩轩妈跟我说起这件事的时候,我忍不住笑了。可是笑归笑,我深切地感受到了父子俩在进行幽默的拉锯战时,浩轩的父母对浩轩的信任,以及他们对浩轩行使监督权的尊重。

对于像浩轩这样的大孩子来说,他们会希望得到父母的信任,如果发现自己的言行被父母质疑了,就会让他们缺少自信,严重的还会增加孩子的自卑感,认为自己做什么都不对、都是错的。

如果想让孩子负责给家里的鱼喂食,就不要每次都唠叨"别喂太多了";

如果想让孩子阅读某一本书,就不要担心孩子速度慢,总让他看快点;

如果想让孩子不怯场,敢于在众人面前发言,就不要总是在他面前说"我孩子胆小"这类的话……

方法二:不要扼杀孩子尽情表达自己想法的机会

为了提高儿子冉冉的见识,周末只要有时间,郭婷就会带着他去公园、动物园、电影院、购物中心……直到去年秋天,郭婷发现冉冉明显不像小时候那么安静、听话了。之前每次带他出去,他都会表现得很乖,可是那段时间不知道怎么回事，他的话特别多，不管看到什么听到什么，总是会问妈妈"为什么"。比如，牌子为什么挂得那么高呀？这么冷，那个人为什么不穿羽绒服啊？公交车为什么这么长呀？路灯为什么都这么高呢？……冉冉问的一些问题，有的郭婷能立刻回答出来，但是有的问题她绞尽脑汁也找不到合适的答案。

天气一天天转凉，有一次郭婷带着冉冉到公园，看到一片片飘下的树叶，于是问："妈妈，树叶为什么都落下来了？"

"天气冷了，大树为了保存能量，所以树叶就都落下来了。"

"哦。那树叶为什么都是落到地上呢？"

"因为万有引力。"

"什么是万有引力？"

"万有引力是一种物理科学，等将来你长大了，学物理就知道了。"

"嗯。那树叶落下来的时候为什么还会转圈啊？这个老师会讲吗？"

郭婷被问得不耐烦了，忍不住说："你别总问了，等你长大了，就什么都知道了。如果你总是没完没了地问，下次我就不带你出来了。"

冉冉见妈妈不高兴了，于是低着头不再说话。

面对儿子的发问，郭婷的做法显然有点过于激烈了。每个孩子都有好奇心，都会经历问"为什么"的阶段，如果总是对他们的发问感到不耐烦，不仅会扼杀他们探索未知的积极性，时间长了，还会导致孩子不敢提问、不敢发表自己的见解和看法，从此变得孤独、内向。

有些父母希望自己的孩子聪明，却总是在他们提问题的时候不耐烦，甚至让他们闭嘴，这种行为，封住的不仅是孩子的嘴，还有孩子的心。

本章小结

★ 细节决定成败，在给孩子立规矩前，要搜集资料、全方位思考，绝对不能现炒现卖，更不能在网上随意扒一篇文章，照抄照搬。

★ 给孩子制定规矩的时候，必须考虑孩子的年龄，以及他们具有怎样的心理特点与内心需求。只有对症下药的规矩才能取得理想的效果。

★ 有的孩子并非不想守规矩，而是因为父母定的规矩太模糊，他们往往不知道具体该怎么办。要求孩子早上早点起床，但不规定明确的时间，孩子自然缺少"早起"的概念，执行起来就会拖拉……

★ 世界上没有两片相同的树叶，更没有两个完全一样的人。不同的家教方式和不同的成长环境都会养出气质、性格完全不同的孩子，并导致他们的行为、意识完全不同。因此，父母一定要细致观察、了解孩子，用最合适的方式管教他们。

★ 传统的教育观念中，孩子从来都是规则的被动遵守者和执行者，根本没有机会和资格参与规则的制定。随着教育改革的逐步深入，当今的父母应该从传统的教育模式中跳出来，尤其是制定规矩的时候，鼓励孩子参与进来，多听听他们的想法和意见。

★ 如果孩子仅限于知道规则，父母又不给他们参与或者实践的机会，他们就无法将其转化成实际行动，所谓的规则也不过是"纸上谈兵"。

Part 4
教孩子守规矩,从家庭生活开始

场景 1：百善孝为先

◎ "我不想和奶奶聊天"——引导孩子主动关心老人

家庭是孩子生活的主要场所，在制定家庭规则的时候，父母首先要培养孩子的孝心意识。俗话说，百善孝为先。如果孩子连家里的长辈都不尊重、不孝敬，即使懂再多的规矩、明再多的事理，又能怎么样呢？

书涵的爸爸有四个姐姐，书涵作为家里唯一的孙子，备受爷爷奶奶的宠爱，捧在手里怕碎了，含在嘴里怕化了。有一次中秋节，全家人聚在一起，爷爷对子女们说："书涵是咱们家的独苗，以后你们对书涵要像对我一样，不能让他受委屈。如果你们打他、骂他，就是跟我过不去。"书涵就在这样的宠溺环境下慢慢长大。

眼看要过春节了，书涵跟爸爸妈妈回老家过年，书涵的妈妈收拾家务，忙活着里里外外大扫除，看到书涵的奶奶一个人待在屋里，于是扭头冲着正在外面玩的书涵说："先别玩了，过来陪奶奶聊会儿天。"

书涵向屋里看了一眼，一脸的不高兴："你怎么不去？"然后扭头跑去玩了。

妈妈刚想说书涵几句，可是屋里传出老太太的声音："让他玩去吧。跟我一个老婆子，他有什么可说的？"

妈妈明白，老人虽然嘴上这样说，但心里还是希望孙子能多陪自己一会儿。于是她出去找书涵，发现书涵正在跟一帮孩子放鞭炮。其中一个孩子正问书涵："你怎么不自己在家放呀？"

书涵说："我们家就我自己，一个人放没意思。"

妈妈听了书涵的话，心里很不是滋味。确实，孩子没有玩伴，让他跟大人在一块，他怎么待得住呢？可是，想到最基本的礼仪还是要懂的，于是她叫了书涵一声，说："书涵，你在这里先玩会儿，等你们散了不玩了，你回来陪奶奶看会儿电视，行吗？"

书涵知道，爷爷奶奶就自己一个孙子，而且他们年纪都大了，如果不趁现在放假好好陪陪他们，等假期过完，学校开学，就更没有机会陪他们了，于是便乖乖答应了妈妈。

二孩政策开放以前，绝大多数家庭都面临着"四二一综合征"，即四个老人、一对父母、一根独苗。因此，溺爱成了一个严重的社会问题。如果对孩子过于宠爱，还不用规矩加以教育和引导的话，他们就会变得日益骄纵，养成一身缺点。

曾经，一位老师跟我说："有些我教过的孩子在马路上看到我的时候，会装作没看见，马上躲开，根本不会走过来和我打招呼。所以有时候一想到'一日为师终身为父'这句话，我就特别想笑。"听了她的话，我明白她说的"想笑"是一种苦笑。为什么会出现她说的这种情况？原因有很多，可能当初上学的时候师生关系处得不好，现在看到老师，自然选择躲开。还有一种情况就是习惯的问题了，孩子不仅对老师如此，甚至对家里的长辈也如此，而这个问题的根源就在于父母缺乏对孩子尊重长辈、尊师重道的教育了。

没有教不好的孩子，只有不会教的父母：
这样定规矩，孩子不会抵触

方法一：家庭守则第一条——尊老爱幼

尊老爱幼是任何一个人都应该遵守的基本道德。尽管现在一些老人思想保守、落后，但不能因此成为跟他们闹别扭、冷落他们的借口。因为很多老人年龄越大越感到孤单，身体和心理很容易出现问题。引导孩子多关心老人，哪怕是陪他们聊天，他们都会觉得特别温暖，也会在聊天中想开、看开一些事情。

小米结婚后，并没有和老公搬出来过二人世界，而是选择跟公公婆婆住在一起。面对令不少人头疼的婆媳问题，小米丝毫没有觉得跟公婆相处是一件困难的事，因为她总是能把遇到的问题很好地处理。平时，小米和老公上班，公婆退休在家，负责买菜、做饭，彼此互相体谅，在生活方面也尽量互不干涉，一家人过得其乐融融。后来，小米生了一个儿子，公婆又多了一项工作，那就是帮忙带孙子。

为了表达对公婆的感激，小米从小就教育儿子要尊敬老人、关心老人。儿子也很懂事，比如会把香蕉拿给爷爷奶奶吃，吃饭时先让爷爷奶奶坐；老人生病了，他还会主动拿药端水……总之，只要一提起这个孙子，两位老人就合不拢嘴。

对于小米的这种教育理念，我是非常赞同的。老人是家里的长辈，理应受到尊重。除了渴望得到子女的关爱，他们更希望孙子辈也关心自己、亲近自己。所以说，隔辈亲，孙子对他们好，他们会感到开心无比。

没有哪一个老人不希望儿孙绕膝，跟自己多说说话，多陪陪自己、关心自己，尤其是他们想抱抱孙子却遭到拒绝的时候，多半都会感到很失落。因此，父母给孩子设定家庭规矩的时候，首先要告诉孩子：爷爷奶奶、姥姥姥爷年纪大了，平时说话一定要顾及老人的情绪，有时间的话要主动陪他们聊天、解闷。

方法二：让孩子做力所能及的事，为老人排忧解难

随着老人年龄越来越大，身体也一天不如一天，所以要教导孩子，主动做一些力所能及的事，为老人排忧解难。举个例子，周末孩子陪老人一起出去买菜。如果是三四岁的孩子，可以让他们拎一些比较轻的；如果孩子大了，有足够的力气，完全可以孩子帮着拎些沉的东西……

每到周末的时候，我都会带着女儿一起去赶早市，经常看到老人带着孩子一起买菜的情景，而且往往都是老人手里大袋小袋地拎着菜，孩子手里拿着玩具，在旁边跟着，边玩边走。说实话，每次看到这种场景，我都心生感慨。一方面是为老人对孩子过度的宠爱，舍不得让他们干一点儿力所能及的活儿；另一方面是感慨孩子的父母对孩子的教育和引导有所缺失，导致不少小伙子、大姑娘眼睁睁看着老人受累，也不知道帮忙分担一些。

有一次，我中午接女儿放学回来，顺便去趟超市买东西。快进门的时候，正好一个头发花白的老大妈左手提着一兜鸡蛋，右手胳膊上挎着一个购物袋，里面是刚买的菜，颤悠悠地出来，还一边走一边跟身后的男孩儿说："今天的鸡蛋便宜，才两块七，比平时便宜了3毛钱，多买点，先吃着。"

男孩儿看上去十几岁的样子，两手空空，不耐烦地回应道："早知道你买菜这么慢，我就不跟你来了。"

听了孩子的抱怨，老人赶紧快走了几步："你是不是急着回去写作业呀？要不你先回去吧，反正咱们家离这儿又不远，拐个弯就到了。"

男孩儿看了看老人，想了想，说："也行，那我就先回去了啊。"说完头也不回地走了。

看着男孩儿离开的背影，我不知道当时老人心里怎么想，但我替这位老人感到心寒，这样的一个年轻的人，怎么就不知道帮老人拿点儿东西，两人一起回家呢？

其实，很多时候，即使孩子想替老人分担，老人也会因为心疼而不会同意。

所以，要想让孩子懂得尊重老人，就要跟老人和孩子一起制定规则，比如老人忙不过来的活，可以交给孩子一些他们能做的；或者孩子主动要求帮助老人时，在他们力所能及的范围内，一定不要拒绝。只有这样，孩子才能在不断的锻炼中反复刷新尊敬老人、孝敬老人的观念。

场景 2：穿衣

◎ "反正慢点也不耽误"——拒绝拖拉，做事要讲效率

孩子入学之后，早上起床按时到校成为很多父母头疼的一个问题。如果你不明确地给孩子规定起床时间和出门时间，他们就会没有时间观念，不管干什么都会拖拖拉拉的。认识到这一点，父母就要从现在开始，教会孩子科学地安排时间，提高做事效率，提高自控力。

菲菲妈：

我家菲菲不管做什么事，总是拖拖拉拉的，光每天起床我就得催她好几次。让她自己穿袜子，磨磨蹭蹭就花5分钟的时间，更不要说洗脸、刷牙了。弄得我现在每天出门的时候就像打仗一样。

小可妈：

我家那位就更别提了。只要一说到他，我就有一肚子说不完的话。家里有个拖拉的孩子，我每天说得最多的话就是"快点儿"。

林玫妈：

看到孩子拖拖拉拉，我很着急。可是，孩子根本就无视我的催促，不紧不慢，不慌不忙的，让人无可奈何。

……

其实，造成孩子"拖拉"的原因有很多，父母一定要区别对待，不能用统一的标准去要求孩子。

孩子做不好一件事，有时候是成长发育的体现。举个例子，孩子年龄尚小，手臂上的肌肉还没有发育完全，也无法做出精细且协调的动作，这时候你让两岁的孩子学会正确的握笔姿势、自己迅速系好鞋带，但是他们体现出来的就是大把抓、胡乱缠，不管你怎么教他们，他们一时半会都学不会。对于孩子的这种"拖拉"，父母需要更多一些耐心。

年龄稍大一些的孩子，有时候行为上表现得慢吞吞，其实不是故意在浪费时间，而是在体验、观察、感知、满足自己的某种好奇心等。只不过他们无法用言语准确地把自己内心的深层感受表达出来，所以会被父母误会。

与上述情况相反，有些孩子确实因为没有时间观念、惰性心理而做事拖拉。针对这样的孩子，父母就要想一些切实可行的办法，采取措施，改善孩子的拖延行为，提高他们的办事效率。

方法一：将穿衣的方法告诉孩子

孩子一般都喜欢模仿大人的样子，父母在跟孩子分房睡之前，早上起床穿衣服、晚上睡觉脱衣服，尽量让孩子跟你学，动作慢点，同时把穿衣、脱衣的技巧告诉他们。这样不仅能让孩子早点儿学会自己穿衣服，还能逐渐养成生活自理能力。因此，如果想按时带孩子出门，除了要提前告知，留出时间让他们做好准备外，还要告诉他们正确的穿戴方法。

有个朋友曾跟我讲述过她儿子的劣行：

"说起我那儿子啊,哎,别提了,每天早上都赖床。学校早上 7 点半上课,他回回都是 7 点起床,之前不管定几点的闹铃,都没用。你说你都起晚了,还不赶紧穿衣服,他不,就在那儿坐着发呆。我催他,让他快点,他还顶嘴,最后没办法,为了赶时间,我只能帮他穿了。几乎每天早上我都会因为他起床穿衣服这事生一肚子气,唉,你说我怎么生了个这么个儿子?"

听了他的话,我问:"你儿子自己不会穿衣服啊?"

朋友说:"会。他都 8 岁了,又不比别人傻,每天看我们穿都看会了。"

"也是,都这么大了,确实该会自己穿衣服了。"

"可他就不愿意自己穿,要么穿不好,要么干脆就不穿,等着我给他穿。"

"之前你没有刻意教过他吗?"

"没有。"

……

之后,我跟朋友又聊了很多。其实,通过朋友的叙述,我认为孩子什么时候学会穿衣服、能不能把衣服穿好并不是大问题,问题在于父母有没有用心教的问题。有的孩子刚开始学穿衣服,可能确实做得不够好,父母没有耐心,不是指出问题数落他们一通,就是直接上手帮他们整理,总之,不告诉他们应该注意哪些细节。时间长了,还一厢情愿地以为孩子会穿,结果呢?孩子宁愿不穿,也不愿意因为穿得扭扭歪歪而遭到父母的一通埋怨。

任何事情都需要学习,任何事情都有具体的方法,即使穿衣吃饭也不例外。忽视了穿衣的教育和方法引导,难怪孩子会不知道怎么办。

方法二:鼓励孩子自己动手穿衣服

很多孩子之所以穿衣服拖拉,很大原因就是心里对大人产生了依赖,希望大人来帮助。拖拖拉拉的目的就是引起大人的注意,让他们来帮忙。因此,如果想提高孩子穿衣的速度，就要鼓励孩子学习自己穿衣服。

在我们将具体的方法教给孩子之后，要鼓励孩子自己学着穿衣服。当然，这里的学习，并不仅仅是给自己穿衣，还可以让孩子利用自己的玩具来学习穿衣。

在女儿很小的时候，非常喜欢玩偶之类的布娃娃。有时候，会跟玩具们玩过家家，有时候会跟布娃娃玩买东西……在女儿手里，各种玩具和木偶都成了她演绎的对象。

在引导女儿学习穿衣服的时候，我给她买了一些芭比娃娃。因为，很多芭比娃娃都有配套的小衣服，需要孩子们搭配着穿，很多孩子都喜欢。

那时候，为了照顾女儿的需要，我也会用一些废弃不用的碎布片来做一些小衣服。女儿就会拿去给自己的狗熊、青蛙、小猪等穿上衣服。夏天是小短裤、小裙子，冬天是小加绒裤、毛坎肩……如果你来我家，一定可以看到很多穿着衣服的小娃娃。

有些朋友来我家，看到这个情景，会呵呵一笑，是啊！谁知道，我们家里除了女儿，还有这么多"小孩子"呢。

孩子其实都有很强的动手能力，让他们给自己穿衣，可能会觉得枯燥无味，但让他们将这些事情附在玩具上，他们就会感兴趣很多。

玩具其实是提高孩子学习的重要工具，一定要充分利用好。

◎"外人又不来，弄好给谁看"——保持房间整洁，不凌乱

收拾房间、整理衣服是每个孩子都应该学会并且做好的。让他们学会整理房间，一方面可以让他们养成讲卫生、整洁、有序的好习惯，另一方面可以提高孩子的动手能力、逻辑能力等。因此，让孩子保持房间整洁，也是教育的一

项重要内容。

"哎呀，你说你这孩子，能不能让我省省心，每天多点清闲时间，不那么忙里忙外的吗？"

周女士早起刚整理好的房间此时被女儿折腾得凌乱不堪，十分无奈。看着床上摊开的被子、地上散落的零食渣、沙发上堆放的玩具，周女士眉头一皱，对着坐在小板凳上看动画片的茜茜，边说边用手指点了一下女儿的脑门："茜茜，先别看了，赶紧起来。"

"干什么呀？"

"谁让你把被子摊开了，快去把被子叠起来。"

"外人又不来，弄好给谁看？再说晚上睡觉还得盖呢，省得麻烦了。"

"你哪儿这么多歪理？叠起来不是给谁看，你一个女孩子，怎么就不知道干净整洁呢？你看看你穿的衣服，早起才穿的新的，现在就脏成这样，哪有一点儿女孩子的样子啊？"

……

现在不少父母总会替孩子的将来担忧，殊不知，这完全就是他们一手造成的。正是父母的溺爱，孩子养尊处优惯了，导致很多孩子丧失了生活自理能力。

从孩子的卧室来看，如今能够自己整理房间的孩子并不多，出现这种状况的原因，一是因为孩子性格懒惰，不愿意自己动手；二是因为他们根本就不知道该怎么整理。很多父母一厢情愿为孩子代劳，觉得这份呵护对孩子来说是天经地义的。可放眼未来，这种"照顾"只会害了孩子。

在我小的时候，那个年代的很多孩子不止一次地听自己的妈妈唠叨"早上起床先叠被子"，于是我们很多人从小就学会了整理床铺。

整理床铺能使整个卧室看起来更整洁。面对孩子乱糟糟的房间，有些家长实在看不下去，就会动手自己收拾；某些有心培养孩子自理能力的家长，则会大声呵斥一句："好好收拾屋子！"可是这非但没什么用，还让孩子和家长的心里都不痛快。

其实，与其大喊大叫，倒不如提前给孩子立好规矩！

方法一：唤醒孩子的自理意识

一定要唤醒孩子的自理意识，不要让他们事事都依赖父母；同时也要让他们清楚，自己长大是必然的，到那时一个人将会无所依托。

孩子的自理意识一旦觉醒，就知道自己的事情自己做了。

一次，在浏览网页的时候，我看到这样一则新闻：

某生成绩优秀，考上名牌大学，家人都为之雀跃，孩子也沾沾自喜。可是，等他走入大学校园之后却发现，自己根本无法适应大学生活，仅入学后的军训就让他受不了。

在军训中，有个项目就是叠被子。按照教官的要求，需要将被子叠得方方正正、有棱有角，任何一步做不到，都不合格。因为这个原因，此生的被子被教官不止一次扔到地上。此生感到很丢脸，便给家长打电话，让家长找人拟张请假条，将他带回去。

家长感到莫名其妙，成绩优秀的儿子怎么连被子都叠不好？难道是学校要求太高了？于是，夫妻俩千里迢迢乘坐火车来到儿子的学校，想看个究竟。

了解了他们的情况后，辅导员说："谢谢你们对学校的坦诚。孩子的这种做法确实不对。军训本来就是个培养孩子们基本生活能力的方式，孩子没有自理意识，军训结束了怎么办？他要在这里上四年大学呢！难不成，每天都请病假？"

此生父母坦言，自己的儿子在家里只负责学习，生活之类的事情都不用过问，所以孩子的生活能力不强，希望老师多费心……

读到这样的新闻，相信你也会唏嘘不已。孩子都已经考上大学了，居然连基本的生活都不能自理，是孩子的问题，还是大人的问题？我想，二者都有吧！

在孩子学习的过程中，如果将必要的生活常识教给孩子，孩子也不至于一点都不会做。

方法二：及时提供必要的帮助

叠被子之类的家务，虽然只是简单的工作，可是对于年幼的孩子来说，可能做起来也不会太容易。在我们引导孩子学习的时候，可以在适当的时候给孩子一些帮助，不让孩子感到茫然。

在女儿6岁的时候，有一次我带她到同学家玩。同学有对龙凤胎，跟我女儿年龄差不多，孩子们一见面便玩到一块儿去了。我跟同学在另一个房间坐着聊天。

等到下午5点的时候，我打算带着孩子离开。这时候，我们才发现，这几个小家伙，居然在自己的床上建起了山洞。枕头当作支撑，被子则罩在上面，床单也一塌糊涂！

我决定先让他们把床上用品一一复原，然后再离开。

三个孩子一阵手忙脚乱，可是人越多，被子越叠不好，搞得我们哭笑不得。我实在看不下去了，就上前帮他们将没弄好的弄好，将不整齐的叠整齐……很快，事情做完。

孩子们还小，即使掌握了事情的操作方法，做起来也不会十全十美。这时候，为了提高他们的做事效率，或者让他们掌握更多的窍门，就可以在适当的时候，为他们提供帮助。可能你的帮助只是举手之劳，带给孩子的帮助却是巨大的。

给予适时的帮助，可以让孩子对自己更有信心。只不过，需要注意的是，虽然我们可以给孩子提供帮助，但绝对不能代替孩子，否则很容易让他们养成依赖心理。

没有教不好的孩子，只有不会教的父母：
这样定规矩，孩子不会抵触

场景 3：吃饭

◎ "都是家里人，不用客气"——尽量等家人坐齐了再吃饭

我们几乎每天都在跟筷子打交道，但是很多人都不知道，拿筷子其实也是有讲究的。因此，在引导孩子养成良好的用餐习惯时，一定不能忽略了筷子的使用。

这里有篇小学生的日记：

  一个星期前，我妈带我去外婆家。我平时出门次数较少，从小妈妈就对我说：不要走到马路中间、不要跟陌生人说话、不能要陌生人给的东西……我还总听到妈妈说，有些地方的小孩儿被人抓了，心脏被掏出来，拿去泡酒。所以，在外婆家的几天，看到很多不认识的人，我感到特别害怕，不敢离开妈妈半步。

  吃饭前大家都坐在一起聊天，人很多，我只偷偷看了舅舅一眼，就赶紧跟妈妈去厨房帮忙。饭菜做好之后，我帮忙把好吃的饭菜都端上桌子，坐下之后，我用筷子夹起一块蘸着蓝莓的山药放进嘴里。同时，我看到对面的一个不认识的亲戚看了我一眼，也就两三秒的时间，我当时心里紧张

又害怕，于是后来我想吃什么就让妈妈给我夹，自己不敢再伸手去桌子上夹菜吃了。

很多专家认为，现在的孩子缺少的并不是理想抱负，而是缺少养成教育。很多家长觉得，孩子只要能考个好成绩就行了，至于其他的习惯都是"树大自然直"。对于一些关于家庭教育的问题，父母总是觉得孩子未来长大就明白了，没有察觉到孩子从小已经养成了怎样的生活习惯。过去，家里孩子多，每次吃饭，父母都免不了要强调：等家人都坐齐了再动筷子，吃饭时不能发出声音，不能挑食，更不能在盘子里乱翻……如今，不少家庭都是独生子女，全家人的希望全都寄托在一个孩子身上，于是，中国传统的家庭教育就慢慢被遗弃了。

方法一：发现问题，及时给孩子提出来

这天，跟一个朋友喝下午茶，无意中聊到了吃饭礼节的问题。说着说着，发现我俩在某一个问题上观点一致，那就是讨厌吃饭不懂规矩的人。

朋友说："前段时间，我们非常喜欢的一位大学老师过寿，几个同学约好了一起给老师庆祝。到了约定的时间，我们把老师接到了餐厅。大家原本都很兴奋，可一个细节却让我感到很反胃。"

我看着她捂着胃伴作痛苦的样子，笑笑说："怎么回事？"

朋友说："我们大学班长带着孩子去了。一个小孩子，带去就带去吧，本来无可厚非，可是大家坐好后，服务员刚把菜端上来，还没等我们老师动手，班长的孩子就站到椅子上，趴在桌子上开始夹菜吃。本来我们都不会跟孩子一般见识，可是我们那班长不仅没有制止孩子的行为，还从各个盘子都夹了一些在碗里，端给孩子，还一个劲儿地说，我儿子爱吃这些！"

我点点头："是有些不合规矩。"

朋友好像对那天发生的事还心有余悸，撇撇嘴说："我们都盯着这对父子，好像几百年都没吃饭一样。再说，这里还坐着老师呢，咱们是给人家祝寿。人

家老寿星还没动筷子呢……"

……

从朋友家离开的那天晚上，我躺在床上想了很多。这些到底是孩子的问题，还是大人的问题？很庆幸，在这一点上，我做得还比较好。最起码，我女儿知道老人在桌上时，要让他们先动筷子。虽然说，一家人在一起不用强求，但该懂的礼仪还是要懂的；否则，一旦养成了习惯，孩子根本就改不过来。如果出去参加聚会之类的，不就很容易出问题了？

聚会的时候，大家都在一起吃吃喝喝。其实，这也是教育孩子的一个好时机，抓住了，对孩子一生的教育都会大有裨益。发现了问题，要给孩子及时指出。

方法二：通过图书等资料引导孩子懂得吃饭礼仪

关于餐桌礼仪，我们可以找些资料来让孩子看，比如图书、视频等。通过直观的引导和教育，孩子就很容易掌握了。

一次，我去逛书店。浏览图书的时候，听到一个小女孩儿正捧着一本书，问旁边的大人："爸，吃饭为什么不能先动筷子，要让着老人？"

中年男子："就像是走路先让着老人一样。老人是值得尊敬的群体，不管做任何事，都要让他们先做，这也是尊重他们的一种表现。"

女孩儿："那吃饭时我先动筷子，就是我不礼貌了？"

中年男子："对！饭桌上，只要有长辈在，都应该让他们先动筷子。他们开始吃了，其他人才能动。"

女孩儿点点头，然后又开始翻看自己的书。

我低头看了一眼，无意中看到了书名，哦！原来是一本教育孩子们讲究家庭礼仪的书。之后，我也买了一本，打算让女儿看看。

如今，跟孩子有关的图书资料有很多，在我们引导孩子读书、看视频的时候，也可以找些相关内容来看。如此，孩子在阅读的同时，就养成了好习惯。

◎ "将那个盘子挪过来"——饭桌上，不要翻遍所有盘子

饭桌上，我们经常看到很多孩子旁若无人地拿筷子在盘子中挑挑拣拣，翻遍所有的盘子，也不知道他到底要吃什么。用筷子在盘子里翻找，对身边的人熟视无睹，是一种没有素质、没有教养的表现，如果自己的孩子确实存在这个问题，一定要尽快给他立个规矩，帮他纠正过来。

前不久，一所中学几个班的孩子去参加一场活动。在活动结束后，大家高高兴兴地一边聊天，一边吃饭。一个孩子不吃肥肉，就在一盘冬笋炒肉里面来回挑拣，把带肥肉的全都挑到一边，只吃瘦肉和菜。班长看到后，将盘子挪了过来，然后说道："就你这样，翻遍所有的盘子，还让不让别人吃了？"可是，那个孩子却强词夺理说："这么多菜，还不够你们吃？"

无独有偶，国庆的时候，家里来客人。妈妈做了一桌子菜招呼客人。

客人纷纷入座，儿子看到桌上有自己喜欢吃的大虾，便快速地用筷子在虾盘子里夹了几只。之后，便开始狼吞虎咽，似乎担心别人和他抢一样，甚至还将自己的碗搂得紧紧的。

碗里的很快吃完，儿子又一阵乱夹，结果盘子里的虾很快便只剩四五只了。这道菜可是压轴菜，看到儿子一点都不客气，妈妈向客人呵呵一笑，说："我儿子从小就喜欢吃这个！"

客人看到这里，微微一笑："我正好不喜欢吃，都给孩子留着吧！"听到这句话，儿子索性将整盘都拉到自己的眼前。

……

跟这样的人一起吃饭，是不是很堵心？你怎么知道，人家客人就确实不喜欢吃虾，人家跟你客气，你就不能跟人家客气客气？看到孩子乱翻乱夹，怎么不管管？

关于吃饭，规矩有很多，但很多人都会忽略这一点基本传统要求——莫要乱翻！

有位在大学食堂工作过的朋友跟我说：从一个孩子对饭食的态度，完全可以看出他的教养。比如：吃饭时喜欢将筷子或勺子含在嘴里、看到自己喜欢吃的就狼吞虎咽、把自己喜欢吃的东西收揽在自己眼前、用一根筷子去插盘子里的菜、总是把盘子中的花椒或辣椒等都挑到一边……这样的孩子，家教一般都不太好。

正确的吃饭习惯应该是：夹菜时候，一定要等菜转到自己面前时再动筷子；一次夹菜不能太多，不能刚将一种菜放在盘子中就立刻夹另一道菜；更不能将自己已经夹出来的菜放回菜盘，再伸筷去夹另一道菜；夹菜时，如果不小心掉了一些在饭桌上，一定不能把菜再放回菜盘；遇到邻座的人，夹菜时一定要懂得避让，避免筷子打架。

吃饭时，随便乱翻盘子中的菜，无非就是为了找自己喜欢吃的。可是，既然菜是大家的，你将自己喜欢吃的都夹到了自己跟前，其他人怎么吃？这种情况如果发生在家里，可能家长会由于疼爱而什么都不做，但如果是一群人聚餐呢？其他人都在慢条斯理地吃，而你的孩子却风卷残云般从菜盘中抢夺食物，丢的到底是谁的脸？

方法一：教育孩子最难的是家人思想上要达成一致

从周代开始，饮食礼仪，就已经是一套相当完善的制度。"餐饮之礼"并不是虚无缥缈，而是"有章可循"的。那么，在餐桌上，该遵守哪些规矩呢？

其实，很简单，比如：在家庭日常就餐、公共场所用餐、社会交往聚餐等场合，要讲究卫生、爱惜粮食、节俭用餐、食相文雅。即使是孩子，也要知道大致的礼仪：吃饭时不能吵闹、不独占食物、不能咂嘴、不能口含食物说话；在学校食堂用餐后，要主动整理餐具……

女儿很喜欢吃肉，每次吃饭的时候，婆婆都要帮她将盘里的肉翻出来，让她统统吃掉。开始的时候，我还没反应过来，等女儿上了幼儿园的时候，幼儿园的老师跟我反映了这个问题之后，我就加强了对女儿吃饭礼仪的教育。

一次，吃饭的时候，女儿又要将肉都夹到自己碗里，我制止了她："别人也喜欢吃，你吃完了，别人怎么吃？"女儿感到有些不可思议，因为在过去，没有人跟她说过这样的话。

看到自己的肉没有往日的多，女儿当然不高兴了。看到孩子马上就要流眼泪，婆婆有些不忍心，急忙将自己跟前盘子里的肉给她夹到碗里。我制止她，说："妈，以后你不能总是这么惯着她，她都4岁了。如果她还小，别人也不会说什么；但她已经是大孩子，上幼儿园了。"

婆婆听了，似乎有些不高兴了："我的我不吃，还不能让我孙女吃啊？"

我知道，老人的思想比较顽固，就接着劝说："孩子养成了这种习惯不好。幼儿园老师也跟我反映过这个问题，说她在幼儿园从别的小朋友碗里夹肉吃。如果现在我们不帮她改正，一旦养成习惯，会被人笑话的。你想啊，如果我带着她出去参加个聚会什么的，她把桌子上所有的盘子都翻个底朝天，会被别人怎么看？是不是会说她没教养？"

老人说："怎么会？"

"怎么不会？养成了习惯就很难改变，将来她长大了，走到哪儿都会按习惯做。在家里我们还都能容忍她的无礼，在外边的时候，别人不仅会嫌弃她，还会指责咱们！"

婆婆听我这么一说，似乎觉得我说得有道理，于是思想上跟我达成一致，从此不再惯着女儿了。

女儿一开始也反抗，后来在我们的引导下，渐渐地改掉了这个坏习惯。

孩子们很多坏习惯的养成并不是自己不愿改，而是他们根本就没有意识到自己做错了。父母不说、不批评、不重视，孩子自然也就无从应答。因此，要

没有教不好的孩子，只有不会教的父母：
这样定规矩，孩子不会抵触

想让孩子养成正确的餐饮习惯，首先家人要达成一致，然后再想办法相互配合去纠正孩子的坏习惯。

方法二：对孩子的改变要及时做出反馈

工作中，如果做得好，公司会有奖励；反之，则会有小小的惩戒。相信，关于奖惩的作用，大家都知道。在这里，我们就不再强调了。

同样，对于餐桌礼仪的讲授，对于孩子，我们也要对其进行合理的奖惩。如果孩子做得对，就表扬；做错了，就要批评。

星期天，女儿的同学小梅来找她一起玩。小梅拿着一个毽子，商量着一起出去踢毽子。虽然说，两个孩子的声音不大，但我依然听见了。

女儿："好漂亮的毽子。"

小梅："嗯，我妈妈奖励我的。"

女儿："奖励的？"

小梅："是啊。以前吃饭的时候，只要是有我喜欢吃的，我就抱着盘子自己吃，后来我妈妈说我让我改，最近这几天我表现好，我妈就奖励了这个毽子给我。"

女儿："真好。"

……

之后，女儿告诉我，说她和小敏要出去踢毽子，我嘱咐了她们俩几句，她们就下楼了。

我站在阳台上，看着她们俩跑到楼对面的空地上，开心地踢起毽子来。

父母指出孩子自身存在的问题后，一旦发现他们有所改正，可以及时表扬或者奖励，无论是口头夸奖还是物质奖励，这种对他们改正错误的肯定是孩子内心特别需求的。换句话说，孩子都希望自己的言行得到父母的肯定，而奖励则是肯定的一种表现形式。因此，在引导孩子正确树立餐饮意识的时候，父母不妨将奖惩结合起来。看到孩子有了改正，多表扬；看到孩子犯了错误，就批评。这样，孩子进步起来才会快一些。

场景 4：午休

◎ "动画片还没看完呢"——时间到了，按时睡

从医学角度来说，在睡眠时，孩子的身体各部位、大脑及神经系统都在进行自我调节，内分泌系统释放的生长激素会比平时增加3倍，因此平时就要鼓励孩子主动睡眠。

为人父母，必须在孩子良好习惯的培养上多下功夫。比如，幼儿园的午休时间向来是12点到2点，因此，对于即将上幼儿园的孩子，在家的时候，父母一定要锻炼在这个时间段坚持午睡，让他们的午睡习惯和幼儿园保持一致，如此，孩子入园之后才能更好地融入到集体中去。

沐沐从小就喜欢看动画片，什么《喜羊羊与灰太狼》《熊出没》，只要有动画片看可以不吃不喝。看动画片的时候，吃饭叫不动，睡觉叫不动，妈妈都不知道该怎么管了。

这天中午午睡的时间到了，可是沐沐依然坐在沙发上一动不动。

"沐沐，该睡午觉了。"妈妈说。

"动画片还没看完呢！"沐沐头也不回地说。

"到午休的时间了,快去睡,等睡醒了再接着看!"这时,只有威严的爸爸出面才能震慑住他。爸爸拿起遥控器,毫不犹豫地将电视关掉了。

看不了动画片,沐沐不开心。可是,再一看爸爸的大黑脸,他知道不听爸爸话的后果很严重,只好从沙发上下来,嘴里嘟囔:"可是,睡醒之后电视上就不演了。"

"电视上没有的话,我就从电脑上给你找。"妈妈拉着沐沐向卧室走去……

关于午睡对孩子的意义,相信有心的父母都清楚,不仅可以让身体得到暂时休息,还能保证下午精力的充沛。因此,不管是幼儿园还是中小学校,老师都要求或者督促孩子中午休息一会儿。可是,有些孩子自认为精力充沛,不喜欢午睡,或者午睡效率不高,尤其是那些睡前还在看动画片的孩子,要求他们睡觉就更难了。

孩子一般都活泼好动,有时候,即使家里人都在午休,孩子也会不睡。要不在一边玩,要不看动画片……迁就孩子的家长,就会听之任之。

孩子的身体正在发育,在一天的时间里需要参加各种活动,身体必然会感到很累,所以一定要通过午休让身心处于闲适状态。

方法一:合理安排孩子睡觉的时间

女儿正式进入幼儿园后,园长在第一天就给各位家长开了会,提醒家长一些注意事项。其中一条就是,合理安排孩子的睡觉时间。为了没有遗漏,我还录了音。现在拿出来听听,依然觉得很有收获。下面,我就将关于午睡的内容简单摘录:

各位家长,幼儿园午睡时间是中午12点到下午2点。为了让孩子养成良好的午睡习惯,家长一定要注意:

首先，不要让孩子晚上睡太长的时间，以免中午睡不着。有些孩子晚上七八点就上床睡觉了，直到第二天早上 7 点起床，睡眠时间长达 12 个小时，晚上睡的时间太长，白天不困，中午就睡不着。

其次，请跟幼儿园保持同步。有些孩子平时在家里不睡午觉或者睡得晚，跟幼儿园不一致，也容易导致孩子午睡睡不着。因此，一定要让孩子在中午吃完饭后及时睡觉；即使是周末，也要在中午让孩子睡一会儿，要不然在幼儿园养成的习惯，经过两天，又会恢复到原状。

第三，晚上 9 点洗漱后上床睡觉，早上六七点起床。不晚睡，不赖床。睡前，不做剧烈运动，不让孩子太兴奋……

看看，这位园长是不是说得很详细？这些可都是人家多年教育管理经验所得。为了让孩子养成良好的午休习惯，一定要注意对孩子的引导。

方法二：孩子入睡前，家长要充分准备

S 君是个很喜欢午睡的人，在她的观念里，午睡是一个养颜美容的好时机。因此，每天宝宝都会陪着她一起睡午觉。

一直到宝宝 3 岁，可以上幼儿园了，S 君决定重新找份工作，上班，挣钱。于是，婆婆被他们从老家接过来，负责接送孩子上下学，以及一家人的三顿饭。可是，渐渐地，S 君发现了一个问题，宝宝只跟婆婆一起玩，但不会跟婆婆一起睡午觉。虽然周一到周五，孩子都在学校，但周六还要在家里。

通过一段时间的观察，S 君发现，原来婆婆午休的时候从来都不挂窗帘，午睡的时候，屋里白花花一片。而自己跟孩子则每次睡觉都要拉窗帘，房间光线暗，睡得香。

S 君知道，老人一定有自己的睡觉习惯，只不过这种习惯跟他们正好相反，没办法，周末的时候她只能让孩子来跟她一起睡。

老人心念孙子，虽有不满，但也无法。

没有教不好的孩子，只有不会教的父母：
这样定规矩，孩子不会抵触

这个案例告诉我们，创造一个良好的午休环境是多么重要。让一个喜欢暗光的人在亮堂堂的房子里睡觉，多半都睡不着。所以，我们在引导孩子午睡的时候，一定要做好准备。比如，将窗帘拉上，将音乐关闭，将门关上……

◎"我睡不着，想听儿歌"——睡不着，也要做到不打扰别人

孩子的午睡时间短，因此在家长想睡午觉的时候孩子却在一边玩闹。午休，是为了保证下午的精力充沛，即使孩子不想午睡，也不能让他们影响到其他人。这时候，可以让他们找些事情做，但动静要小些。这里有个关于男孩儿王宇的故事：

王宇没有养成睡午觉的习惯，睡午觉时，任由妈妈怎么哄都没有用。平时在幼儿园有老师管着，孩子还挺听话，可是一到周末，就不行了。

周日中午，妈妈对王宇说："宝宝，睡午觉了，醒来给你买好吃的。"

王宇一听睡觉有好吃的，便利索地躺在妈妈身边。

可是，人是躺下了，心还在玩，一会儿说一句话，把妈妈都问无奈了。

"妈妈，我睡不着，想听儿歌。"

"妈妈，你给我讲故事吧。"

"妈妈，你睡着了吗？"

"哈哈哈，妈妈你装睡！"

妈妈没办法只得妥协，不睡午觉也可以，但是午休的这段时间王宇必须在自己的小床上躺着，睡不着也不要打扰人。

从上面的案例中，我们就完全可以看出，有些孩子确实不喜欢午睡。精力

那么旺盛，强硬逼迫，他只会反抗。可是，即使孩子不午睡，也要休息一下，不能打扰别人。

孩子还小，没那么自觉，而且如果孩子确实不想午睡，怎么办？这时候，最好让他们找些事情来做，不能打扰到别人。想想看，在你午睡的时候，孩子时不时地过来摇你的胳膊、抱你的头，会是一个什么场景？

怎样让孩子睡不着，也不要去打扰别人？

方法一：孩子不想午睡，告诉他不能打扰别人

午睡需要一个安静的环境，可是由于各种各样的原因，有些孩子却睡不着，或者在床上来回折腾。一旦孩子出现了这样的情况，就要及时制止。

艳艳是个7岁的小女孩儿，长得恬静可爱，当她跟着自己的妈妈一起来到我们工作室的时候，我感到有点吃惊，因为小女孩儿长得很漂亮。

艳艳妈说："我这次来，只有一个问题，就是想知道，如何才能让孩子安安静静地午睡。"

我问："怎么回事？"

艳艳妈说："每天中午，孩子都不睡，不是听儿歌，就是看动画片，搞得我们头都大了。我和她爸爸平时都挺忙，好不容易周末休息两天，她倒好……哎！怎么办？"

我问："你们难道不制止孩子？"

艳艳妈说："以前孩子中午也不睡，但也没闹腾过，这段时间喜欢上了听儿歌，一听就没完没了。说她来着，可她不听啊！"

孩子中午打扰了他人休息，最好的方法就是立刻制止他！小时候，孩子们一般都比较听大人的话。可是，随着孩子年龄的逐渐增长，他们的自主意识也会越来越强。这时候，再管他们就有点费劲了。

没有教不好的孩子，只有不会教的父母：
这样定规矩，孩子不会抵触

孩子中午不睡觉、影响他人，一旦发现，就要及时提醒、制止，不要等到孩子已经养成了习惯再管。而且，如果孩子确实犯了错，家长却不提醒，孩子可能还意识不到自己的错误。时间长了，错误的行为就会养成习惯，怎么教都不好改了。

方法二：帮助孩子找点事情打发午睡时间

很多时候，孩子们之所以会在大人睡午觉的时候搞出一些动静来，主要是因为他们不知道该做什么。爸爸妈妈都在睡觉，屋里醒着的只有自己，为了打发无聊的时光，有些孩子就会搞出一些动静来。其实，如果想让孩子中午的时候保持安静，我们完全可以帮他们找些事情来做做。

任何孩子都有自己的缺点和优点，如果孩子确实不想睡午觉，也可以让他们安安静静地做自己的事情，比如，可以在床上看看书。

在我女儿2～3岁的时候，有段时间，也是中午不睡觉。每到这时候，我都会给她拿些绘本让她看。虽然翻书也有声音，可是跟音乐之类的比起来，看书就安静多了。而且，有时候，孩子当时不想睡，看着看着书，就来了困意，会主动躺在我身边睡觉了。有好几次醒来，我都看到女儿就躺在身边。

当然，还可以让孩子做些其他事情，比如涂鸦。孩子们都喜欢涂鸦，可以给孩子找些纸和笔，放到床上，让他们来涂涂画画。这样，也可以让他们安静下来、不再折腾。

再如，玩橡皮泥。橡皮泥也是孩子们的最爱，当然也是一个不会出声的游戏。周梅妈就非常喜欢使用这个方法。每到午休的时候，她都会将家里的橡皮泥拿出来，让孩子在客厅里玩。

场景 5：整理

◎"来，咱们收拾一下"——自己的东西一定要自己收拾

孩子把书桌弄得乱七八糟之后大喊一声"妈妈帮我收一下"，然后妈妈闻讯赶来跟在孩子后面收拾房间。殊不知，这样会让孩子养成依赖大人的习惯，不利于锻炼孩子的自理能力。自己的东西，自己整理，也是孩子应该遵守的一条规矩。

每次回老家的时候，我都会去看望我的几个姑姑。

去年中秋节我回去，带着女儿去我三姑家。进屋后，我看到满屋子乱放的玩具，一看就知道是三姑的小孙女弄的。我问："是不是琦琦他们都在呢？"

三姑一共有两个儿子，每个儿子各有一个孩子，只要一放假，孩子们就会来这里。三姑听我这么一问，扭头看了我一眼："是啊！不是他们，是谁啊！"

女儿看着满客厅的玩具，撇撇嘴说："怎么这么乱啊！姑姥姥，你怎么不收拾一下呢？"

听到女儿这么说，我觉得她没礼貌，有点儿生气。

三姑倒也毫不避讳："他们一回来，天天都这样，我也懒得收拾了。我前脚刚收拾好了，后脚他们又给摆列一堆，索性就这样吧，等他们走了我再收拾。"

两个孩子听到动静，将小脑袋从屋里探出来。一看到我们娘俩儿，就飞奔出来，拉起闺女的手："走，咱们一起玩！"

女儿抬脚看看地下，实在无法下脚，就说："咱们先把屋子收拾一下，要不我都不知道该往哪里站了！"两个孩子听了："好啊！来咱们收拾一下！"

于是，三个小家伙便开始在客厅、卧室里，忙碌起来，当所有的东西都被放进收纳箱的时候，屋子一下显得敞亮了很多。

我国著名的教育家叶圣陶先生曾说："教育就是习惯的培养。"生活中，很多孩子总会随手乱扔脱下来的衣服、随便丢画笔，图书看得一团乱，边角材料也随便乱放……大人爱子心切，只能在后面给他们"扫尾巴"。虽然也会抱怨，但真正要求孩子自己收拾东西的却很少。

我看到过很多孩子的房间，虽然也有收拾得比较整洁的，但大多数都是一团糟。而且，即使是整洁的房间，通常也是大人帮着收拾的。

在孩子的房间里，东西有很多，看完图书或玩完玩具，就将其放在一边，不管不顾，整个房间自然会很乱。最好的方法是，引导孩子自己的东西自己收拾！如此，不仅可以提高孩子的自主性，还能增加孩子的责任意识，一举多得。

看到孩子不懂收拾，为人父母一定要避免唠叨，更不要长篇大论地说教，否则会让孩子垂头丧气。他们硬着头皮，完成他们感到讨厌的差事时，对家长也会生出很多不满。

方法一：给孩子找个学习的好榜样

如果想让孩子学会整理，就要给孩子找个好榜样。

一次，我带着女儿去广州，买了火车卧铺。火车由北向南行驶，女儿感到很惊奇。

在火车上，女儿认识了一个小男孩儿，孩子给我的印象不错。他跟着自己的妈妈坐我们对面，每次只要起床，都要回过头，将床铺收拾一下，比如将枕头摆放好、被子叠好、床单铺平、衣服挂好……

我不禁佩服起男孩儿的妈妈："你家儿子真不错！"

"都这么大了，该学会了。"显然，男孩儿妈知道我在说什么。

我说出了心中的疑问："可是，很多孩子都不会，比你儿子大的孩子好多都不懂！"

男孩儿妈说："嗯！可能吧！我老公在外地当兵，平时就我们娘俩儿，该让孩子学会的，我都会让孩子学。可能孩子也觉得我不容易，一些事情也就自己学着做了。"

我点点头："是啊！怎么说，他也是个男孩子，应该让他学会。"

男孩儿妈接着说："从小，孩子的东西都是自己整理的，我仅仅是提醒、引导，很少帮他。他倒觉得有趣，从来不推脱。"

看着正在一起玩的孩子，我对女儿说："看人家跟你一样大，什么都会，可要跟着好好学啊！要不，是不是很丢人？"

女儿点点头，于是便主动让男孩儿教起叠被子来。于是，卧铺车厢里就出现了这样一幕：一个小男孩儿在教小女孩儿叠被子。

同龄孩子之间都有一个比较，当孩子发现不如他人的时候，也会感到不好意思。这时候，我们就可以充分利用这份不好意思，引导孩子跟能力强或表现好的孩子学习。在互相学习的过程中，孩子也就学会整理东西了。

方法二：一同建立规则，孩子才能自主做事

孩子整理能力的培养，不仅需要我们的引导，更需要他们自主发挥。有了自主性，任何事情处理起来也就容易了。因此，我们完全可以跟孩子一起建立一套规则体系，然后认真执行。

在女儿升入三年级的第一天，回家之后，女儿的书包里便多了一份《个人建议书》。我问女儿，这是要做什么？女儿说："老师要建立班级行为规范，让我们想一些自己应该遵守的行为规范。"

我知道，女儿把《小学生日常行为规范》背得滚瓜烂熟，便打趣她说："直

接把你们的行为规范一条条抄上去，不就行了？"

女儿撇撇嘴说："我们老师说了，不让抄，让自己想！"

是啊！虽然孩子们有《小学生日常行为规范》，但内容也不太全面；让孩子们自己提出来，反而会更切实际、跟现实关系更紧密。

看到这里，我不禁为女儿班主任的这一举措叫绝！好聪明的老师！班里的行为规范都是学生自己总结制定出来的，如果自己制定了却做不到，就太说不过去了。

对待这件事，女儿很认真，直到11点才睡觉，洋洋洒洒地写了两张稿纸。

看到女儿对待这件事郑重的神情，我深受启发：如果想让孩子懂得自己整理，就要跟孩子一起来设定相应的规矩，提高孩子的自主性。比如，可以让孩子参与讨论"怎样让卧室变得干净整洁？""书桌上物品应该怎样收拾？"等诸如此类的问题。

◎ "书从哪儿拿的放回到哪儿去"——教孩子把东西放回原位

只看不收或只玩不收，即使当家长的我们再勤劳，也会有愤愤不平的时候。自己刚刚整理好的房间，只一会儿便被孩子搞乱，会不会很生气？其实，与其在这里生闲气，倒不如将"东西从哪里拿，放哪里去"的原则告诉孩子，并让孩子认真遵守。

有几次，女儿玩完了积木，堆得遍地都是。我觉得积木太多，怕她一个人收拾不过来，就帮她收拾了。可是，没想到，从那以后，每次女儿玩完积木，都会大喊道："妈妈来帮我收拾积木。"当我意识到这个问题的时候，就控制自己不心疼她了，这是她自己应该完成的事情。后来我发现，女儿比我们想象的更强大，她可以很快完成自己的任务。

有一次，我和孩子玩钓鱼游戏，一共有21条鱼，先玩了一会儿，然后女儿就把不同颜色的鱼放在一起，数了数，说："妈妈，我不玩了！"然后，就乖乖地把小鱼认真放回去了。

到过图书馆的人恐怕都知道，图书馆的阅读守则里一般都有一条：将图书放回原位。为何要定这一条？因为，将图书拿出来后，不放回原位，随便找个地方一放，会给工作人员带来大量的额外工作。从哪里拿的，就放回哪里去，让每本图书都回归原位，就可以维持原有的秩序。

同样，在引导孩子学习整理的时候，也要将这一条告诉给孩子。不管孩子是读书，还是玩玩具，都要让孩子从哪里拿的就放回哪里。

其实，不将东西放回原位，也是造成家里混乱的一个原因。只要做到物归原位，屋里就不会那么乱了，最多是扫扫尘土、拖拖地。

越小的孩子越有秩序感，让他们拥有这种秩序感，长大之后，就再也不用担心他上学会忘带笔、忘带本这种事情了；出去玩的时候，也不用担心把东西落下；更不用担心他会将自己的房间弄得一团糟。

习惯都是慢慢养成的，时间一长，孩子潜意识里就会守规矩，如果不守规矩，反而会觉得不正常。秩序，是如此重要的一件事情，那么我们要怎样去培养孩子呢？

方法一：父母生活井然有序，孩子也不会差得离谱

想象一下：如果要求孩子收放东西，家里却乱作一锅粥，效果会怎样？

有的家长给孩子提的要求很多，不准做这、不准做那，必须这样、必须那样，可是给孩子提完要求后，他们是如何做的呢？早上起来不叠被子、吃了瓜子不扔垃圾桶、吃完饭不收拾碗筷、洗完衣服不收拾盆子……当我们在给孩子提要求的时候，是否应该先想想，自己该怎么做？自己该给孩子创造一个怎样的生活环境？

在我们小区里有个爱干净的李姐,是个全职太太。李姐没有什么兴趣爱好,夏天每到傍晚都会在外面站一会儿。我们家阳台正对着小区运动场,所以很多时候都可以在阳台上看到她。不是跟人们聊天,就是站在那里嗑瓜子。

这天,我到阳台上晾晒衣服,正好看到李姐站在那里训他儿子:"去哪了?这么晚才回来?学校几点放学?"男孩儿不说话,看样子刚从草丛里爬出来,身上满是灰土干草。

"这么大了,你不懂干净。我让你收拾的东西,整理好了没有?"

男孩儿还是不说话。

"哑巴了?"

"你自己都不收拾,还让我收拾?"

李姐被儿子突如其来的一句话顶得哑口无言。

"你看看自己的屋子,你再看看我们同学家,还好意思教训我?"

……

在我的印象中,李姐是个非常爱干净的人,因为每次见到她,她都是清清爽爽的,一看那衣服就知道是刚洗的,还飘着淡淡的洗衣液味。可是,她儿子的这段话却让我对李姐的态度有了改观,或许她属于那种在家里不收拾、只在外面靓丽的人!

我没去过李姐家,自然对他们家的生活不会太关心,但我知道,孩子不会无缘无故说出那样一段话,想必李姐在生活中也不是一个太爱整理的人。

有这样一个家长,孩子怎么会懂得整理?

方法二:遵守图书馆等公共场合的规则

任何公共场所都有相应的规章制度,虽然没人监督,但需要大家自觉遵守,比如,到图书馆看完书要放回原处,到服装店试穿完衣服也要放回原处……

一位在图书馆做管理员的朋友曾跟我说:如今来图书馆看书的人挺多,可是很多人不遵守图书馆规则。看完书之后,就随手乱放;有些人甚至还会将自己看中的资料，直接撕掉拿走，太没有公德！

是啊！遇到这种情况，任何人都会感到很生气，工作人员辛辛苦苦将图书摆放整齐，看完之后，你居然不给放回去，甚至还撕掉，难道不会脸红？

其实，我也遇到过这样的人。那时，我还是一个高中生。

高中时期，我特别喜欢看课外书。一到星期天，我都会到市中心的图书馆转悠。有一次，我进入图书馆的时候，偶然间看到一名男子正用小刀刮一本杂志的图片。具体什么书，记得不太清楚了，似乎是汽车图片。我一眼便看到了这一幕！

我向里面环顾一周，工作人员都在整理图书，谁也没想到这里有一位"破坏者"！我从那人身边经过，装作不经意的样子，看了一眼。男子立刻警觉地将书合上，冲我微微点头，像是在打招呼，又像是在警告。

当时我胆子小，明知道这人做得不对，也不敢举报。之后，便去找自己喜欢的书看了。等我从其他书架转过来的时候，那名男子已经离开。

对于这类伤害图书的行为，我异常厌恶。因此，在带孩子去图书馆的时候，我都会提醒孩子：图书每次只能拿一本，看完后要放回原处，不能涂鸦、撕毁……女儿确实也做到了这一点，因为她觉得不难。

图书馆之类的公共场所，既然是大家的，就要大家一起维护。在我们享受权利的同时，也要尽到自己的义务。对孩子引导更要从小开始，千万不要让孩子长大之后因为不遵守公共秩序而被人另眼相看。

没有教不好的孩子，只有不会教的父母：
这样定规矩，孩子不会抵触

场景 6：说话

◎ "怎么不关门"——在屋里谈话，记得关上门

家，是每个人的避风港，为我们遮风挡雨，也是希望和梦想的起航地。家庭礼仪教育的目的，其实就是培养孩子的礼仪习惯。

居家礼仪，总结起来就是四个字"居家克己"，一定要告诉孩子：永远不能影响别人。在屋里谈话，要记着关门。

李默和章雨约好一起做作业。李默刚吃完饭就听见有人敲门。

开门一看，果然是章雨。

李默和妈妈说了一声："不吃了。"就拉着章雨进屋。

打开书包，拿出作业，小姐妹俩儿，一边笑一边说着今天班级里的好玩事儿。妈妈给小姐妹端了一盘水果，顺便说了一句："聊什么聊得这么开心？"

"今天的八卦。"

"聊一会儿就赶紧写作业啊！"妈妈出门把门给她们关上。

李默："怎么还关门……"

"你们聊得这么热闹,会影响到别人,而且你们也不想和我分享你们的小秘密吧。"妈妈说着眨眨眼睛。

文明礼仪,不仅是现代文明人必须具备的基本素质,也是做人的根本要求。只有注重自身修养、注重礼仪,才能成为优秀的人,得到大家的尊敬。李默个性开朗,跟朋友聊八卦,但没有把门关上,着实不礼貌。

孔子曰:"兴于诗,立于礼,成于乐。"孟子也说过:"敬人者,人恒敬之,爱人者,人恒爱之。"古希腊哲人赫拉克利特同样说过:"礼貌是有教养的人的第二个太阳"。"礼"的重要性由此可见一斑。

跟自己的小伙伴在家里玩,如果孩子确实年龄小,家长就要看着点,以免出现意外;但如果孩子已经上了小学或中学,跟同学在屋里聊天,就要让他们关上门了,否则会吵到他人,也是对他人的基本尊重。

举个例子,如果你正在客厅里看书,或者客厅里有客人,孩子们之间的聊天是否会吵到你们?想想看,你和客人们正在聊天,孩子们忽然高八度地大声喧闹,这时候不仅是客人,就算是自己都会受不了。

方法一:有理不在声高,不要当着孩子的面大声说话

教育过程是一个由浅入深、从低到高、循序渐进、不断发展的过程,多关注生活中的小细节,孩子便会在潜移默化中受到影响。

从女儿小时候开始,大人之间沟通事情,我们从来都不会当着孩子的面。因为我知道,孩子的理解能力有限,有些事情他们还接受不了,有些大人的做法他们也理解不了。与其让他们从小就陷入思维定势,倒不如不让她知道。除非是跟女儿有关的,我们才会敞开门,跟她直接沟通。

一次,因为一件事达不成共识,我跟老公发生了口角。为了让老公接受我的意见,我便提高嗓门喊了两句。之后,推门而出来到客厅,忽然看到了睁大眼睛、一脸惊恐的女儿!天哪,我刚才做了什么?看到女儿的样子,我一下就

清醒了。

老公从房间走出来责怪我说："看你把孩子吓的！"说着，他去搂女儿，可是女儿却一把推开他，然后"哇"地哭了。

看看，这就是不关门的后果！有了这次教训后，我再也不会大嗓门说话了。更不会开着门，扯着嗓子喊。

与人沟通的时候，我们一般都会选个适合两人交谈的地方、将不相干的人隔离开。这样，不管两人之间说什么，其他人都听不到，也是保护个人隐私的一个好方法。同样，在孩子与人聊天的时候，我们也可以引导孩子将自己的门关上，但即使关着门，也不能大嗓门！

方法二：奖励很重要，惩罚也不能少

当你将这条规则告诉孩子的时候，如果确实做得不好，要及时批评他，让他引以为戒。

在升入小学后，孩子们之间可能都会相互串门、一起写作业，这时候就更要提醒他们在自己的房间里做事了。举个例子：

如果你家孩子到同学家玩，但将人家的客厅搞得乱七八糟，会不会讨人厌？即使同学家长不说，但心里依然不会对你有好感。换位思考一下，如果是其他人家的孩子来你家呢？情景想必会一样吧。因此，如果孩子有哪些地方确实做得不好，就一定要给他们指出来。

有一天放学后，女儿带着同学露露来我们家。我正在客厅里工作，女儿看了看我说："露露今天跟我一起写作业！"我点点头，之后又不安地抬头看了眼女儿的房门。

女儿他们进门后，已经将房门关上，显然是怕影响我工作。因为，我在工作的时候，最害怕别人打扰。这一点，女儿很了解。

果然，没过一分钟，女儿便打开门走了出来，趴到我的身边咬耳朵："我们声音会很低的！"我说："小声点就行！"然后女儿就走开了。

虽然孩子说，不会大声，可是孩子们在一起，还不会很好地控制好音量。于是，我便自觉地戴上耳机，将外界的声音隔开。可是，没过多长时间，我便听到了大笑声。我皱皱眉摘掉耳机，天哪，简直是高八度！

等到女儿同学走了之后，我对女儿说："今天表现不好，是不是该接受批评？"女儿知道我在说什么，点点头："好，倒垃圾，一个星期！"不过，这样的惩罚，也只能暂时制止住孩子的不礼貌行为，过一段时间，孩子们的老毛病又犯了。

即便如此，我还会一如既往地给女儿一些小小的惩罚，让她明确地知道哪些事情是可以做的、哪些事情是不能做的。

◎ "小声点"——在公共场所说话不要大嗓门

很多人都有过大嗓门的经历，比如聚餐、候车、看电影时，声音就会洪亮而尖锐，毫不顾忌周围人的感受。可是，事实证明，声音太大，对于他人而言是一件非常不舒服的事情。因此，在孩子说话的时候，一定要提醒他：调整音量，不要扯着嗓子喊。

在我们小区的3号楼4单元一层，住着姐弟俩儿。姐姐正在上初中，平时课程紧张，很少出来玩；弟弟刚上2年级，平时喜欢玩，总是将家里搞得乌烟瘴气。两个孩子上学不同步，摩擦时有发生，经过他们家的时候，经常能听到姐弟俩儿的争吵声。

这天，我经过他们家窗外的时候，又一次听到了他们的声音：

姐姐：整天只知道在屋里打游戏，你就不能干点别的？

弟弟：那你说，我能干什么？像你一样啃书本？

姐姐：你能玩点不用大喊大叫的游戏吗？你们怎么不出去踢球？

弟弟：我就喜欢玩游戏！碍你什么事了？

姐姐：你再说，我把你游戏机摔了！

弟弟：你敢！

姐姐：……

接着，便听到屋里发出砸东西的声音。

显然，肯定是弟弟在屋里玩游戏，声音太大，影响了姐姐的学习。姐姐功课紧张，忍无可忍，终于爆发！看看，这就是说话不顾及他人的后果。明知道家里还有别人，还要在家里制造大动静，不是等着挨砸吗！

在自己的房间里，不管怎样说话，都不会让他人不满。可是，一旦你把这种习惯带到公共场合，就会成为众矢之的。在家里也尽量不要大声喧哗，因为家里不仅只有你一个人，肯定会影响到别人。

孩子年龄小，说话玩耍，根本不会顾及别人。在房间里大声说话、吵闹，一旦隔壁觉得吵，或者扰了人家休息，很可能会让人家上门找事。虽然说，大人们一般都不会跟孩子置气，可这也是以不影响他人为前提的。

大声喧哗，会破坏邻里间和谐的工作和生活环境，这是对他人不尊重、不礼貌的表现，有些吵闹声还非常容易对别人产生负面影响，甚至引发一些不必要的冲突。

文明是一种习惯，习惯在于细节。不管在什么地方，都要注意别人的感受，己所不欲勿施于人，如此，孩子的个人素质才会得到提高。

方法一：善意地提醒

刚参加工作的时候，工资比较低，有一天我在网上看到一位女士发了一条求合租的消息，为了能省下钱，我想也没想就联系她，跟她合租一个两居室的房子。可是，没想到，两个月后，她把孩子从老家接过来上幼儿园，从此家里就没消停过。

她的孩子当时4岁，特别能折腾，每天下午从幼儿园回来后就开始大声说个不停，有时候还会哭闹。我每天晚上7点左右下班回到家，好不容易想休息一下，客厅里却总能传来孩子的叫喊声。睡觉前我习惯看会儿书，可是有了这样的干扰，我就很难静下心来好好看。为了能看进去，我便戴上耳机，一边听音乐一边看。结果越听音乐越让我感到兴奋，睡不着觉。

后来，我跟室友沟通了一下，她倒是挺和善，知道孩子确实影响了我，便答应好好教育。可第二天孩子依然如故。一个月后，我实在忍受不了了，便重新找了房子。

不知道后来我住的那间屋子有没有再租出去，但我相信，但凡喜欢安静的人，都不会租这样的房子。

每个人都需要被尊重，每个人都是独立的个体，即使是在一个家庭里，也不能放肆地干扰其他人。比如，父母正在读书或看报，孩子大声喧哗、把电视调大声音、放音乐等，都会影响父母。就算父母会原谅孩子的行为，但如果父母在家会客，客人会觉得孩子的这种表现是一种没有教养的行为。

当孩子眉飞色舞、毫无顾忌地滔滔不绝时，请想一想，他有没有干扰到自己或者别人，如果有，身为父母，你要耐心地告诉他们安静一些。

方法二：暂时带孩子离开

如果孩子的一些行为已经干扰到你，就要打断他正在做的事情，让他们做一些更加安静的活动，或者暂时带他们离开。

为了让孩子长见识，在女儿长大之后，每次出去跟朋友们聚餐，我都会带上她。一则锻炼她的胆子，二则让孩子懂得基本的就餐礼仪。如果偶尔遇到其他人也带着孩子，孩子们之间还能互相认识一下、成为好朋友。

一次，我带着女儿跟中学同学聚会。别的同学也有带孩子的，孩子们凑在一起，吃饭自然也就不专心了。看到有人不吃了，其他孩子也会下桌追跑打闹，表面上看似乎很活泼，但也给就餐的我们带来一些麻烦。为什么？孩子们嗓门很大，影响了其他人吃饭。服务人员不止一次提醒我们管好孩子，而且在饭店里乱跑非常容易被新出锅的菜品烫伤或者撞碎盘子划伤。

没办法，我只能站起来，带着几个孩子到外面玩。过一会儿，再由另外一位家长出来看护孩子，我进去吃饭……大家轮换，倒也没出现什么危险。

孩子们都喜欢玩闹，有时候似乎声音越大，玩得也尽兴，可是很少有孩子会意识到自己对他人的干扰，如果家长用语言制止不了，就要立刻采取行动了——带他们离开。

孩子年龄小，很多时候并不知道，自己的行为已经对他人造成了干扰。如果你的提醒不能引起他们的注意，就要果断地带他们离开。

场景 7：出门

◎ "妈，我到同学家玩去了"——出门时必须告诉父母

离开家门告诉家人，是对家人的一种尊重。不要觉得，出门说一句是多余。在孩子出去玩的时候，一定要提醒他：将目的地告诉父母。

我在网络上，曾看到过这样一则小故事：

小风5年级，左盼右盼，终于迎来了寒假。在家里看着窗外的雪花，心里直痒痒，于是约了几个同学去外面打雪仗。他穿了一件棉衣，也不和家人打招呼就和小伙伴们集合出去玩了。他们一边跑一边闹，不知不觉到了离村子特别远的空地上。天慢慢变黑了，当他再无兴致、准备回家的时候，半路上碰见了来找他的爸爸妈妈。

原来，小风急着要出去玩，忘记跟爸爸妈妈打招呼。现在天色渐晚，父母担心小风有什么危险，所以一起出来找他。看着爸爸妈妈焦急的神情，小风哭了。他发现，爸爸妈妈因为着急出来寻找他，身上竟然没穿棉衣，手里还拿着自己的衣服，那一瞬间他就知道自己错了。

从那以后，小风就再也没有犯过类似的错误，出门时一定会告知家人

自己的去向。

案例中，小凤忙着跟同学打雪仗忘了时间，忽视了父母的感受，这是对父母的不负责。一定要告诉孩子：出门的时候要告知父母自己去什么地方。如此，不仅可以让孩子知道父母一直在担心他，更可以让孩子成为懂得负责的人，对自己负责、对父母负责，对自己的家负责。

孩子年龄小，贪玩，只要有人叫，就会出去。小时候，可能还会由家长陪着，可是一旦上了小学中学，孩子的自主能力强了，做事就容易我行我素，比如出门也不跟父母说一声。

出门时告诉父母，他们就会知道孩子究竟去哪儿了、在跟谁一起玩。这样，如果孩子没有在规定的时间里回家，家长就可以去找。反之，父母只能是两眼一抹黑，无从下手找了。不出事还好，一旦遇到问题，怎么办？所以一定要将事情的严重性告诉孩子，让他们懂得道理，才不会被孩子抵触。

方法一：出门、回家打招呼，习惯成自然

要想让孩子养成出门前主动告知的习惯，大人之间首先就要做到。比如，爸爸在出门前，要告诉妈妈自己要去哪儿，大概什么时候回来，妈妈也应该如此。

吴小姐是个很独立的女性，恋爱的时候，就不喜欢男友黏着自己；结婚之后，更不喜欢老公管着自己了。其实，这里所谓的管，也不是限制，只是爱人关心她而已，但吴小姐却不喜欢这样。

由于工作的关系，同事之间难免会聚餐。每次，只要同事一发出邀请，吴小姐都会去，但从来都不会告诉老公。如果老公给她打电话，她就会说老公多管闲事，或者干脆不接电话。慢慢地，老公也不管了，因为每次吴小姐都能安全回来。

在他们结婚的第三年里，儿子出生，到如今已经9岁。自从升入三年级后，

儿子每天放学就不及时回家，总是跟同学在外面玩。吴小姐担心儿子，要求儿子放学必须先回家，然后将去的地方告知。可是，儿子却说："你哪次出门跟我们说了？不说，也不会出事，多正常。"

吴小姐无话可说，因为她就是这样做的。看到儿子这样顶撞自己，吴小姐有些灰心，可是为了儿子的安全，她决定，从我做起，以后出门都跟老公打声招呼；即使不能直接回家告知，也会打个电话给老公。

孩子在成长中会受到父母的很大影响，当你做不到某件事时，就别去要求孩子。父母对孩子的影响是潜移默化的，你将怎样的一面展示给孩子，孩子就学会哪一面。因此，如果想让孩子养成出门告知的好习惯，就要在出门的时候，主动跟家人说一声。

出门时，家人要相互告之彼此要去什么地方，上学要打声招呼；回来时，要对家人说一句："我回来了。"这也是家庭中一种非常重要而温馨的礼仪。

方法二：增强家的"吸引力"，孩子才能放学按时回家

教育孩子，说教是必不可少的，但是在说教时，一定要晓之以理，动之以情，要告诉孩子，自己对他们的关爱，让孩子感觉到自己被爱包围。

一天，我到学校门口接女儿放学，看到一位中年男子正在训一个男孩儿，显然是对父子。

女儿还没出来，我只好站在门口等，一边观看这对父子。

"说，为什么不回家？"

"跟同学玩去了？"

"在哪儿玩？"

男孩儿指了指学校附近的一堆沙子："那儿！"

"是不是说，如果今天我不来找你，你连家都不回了？"

男孩儿不说话。

"今天你们老师下午开研讨会，早放一节课，你都不跟我说。我看到你同班同学，才知道你们早就放学了。"

男孩儿还是不说话。

"你难道忘了？前两天咱们一起看的视频，丢孩子那事？回家！别在这儿给我丢人现眼！"

男孩儿默默地上了电动车。

不可否认，这个小男孩儿确实做得不对，班里提前放学，他居然没告诉大人，如果这段时间正好出事了，该谁负责？可是，这位父亲教训人的语气也太强硬了，最好缓和一些。

孩子仅仅是因为贪玩，这并不是什么大罪过。只要将道理讲给他们听，他们一定会接受。

因此，教育孩子的最好方式其实是：动之以情、晓之以理。粗暴地对待孩子，孩子也会这样对待你！

◎ "出门前，再照一照"——衣冠要整洁，维护好自身形象

"冠必正、纽必结、袜与履、俱紧切"是对一个人衣着的根本要求。认真穿衣，也是对别人的一种恭敬！衣着随便、散漫，会给他人留下不好的印象，会让别人觉得我们很轻慢。古人读书有三正：帽子要正，裤带要正，鞋带要绑紧绑正。所以，在出门之前，一定要让孩子照照镜子，看看自己的衣服是不是整齐、整洁。

小天今年8岁，刚上三年级，不用爸爸妈妈接送已经可以自己上下学了。

在小天家的门口位置，放着一张仪表镜，每天早上离开的时候，爸爸

妈妈都要站在镜子前照一照。如果领子没弄好，就弄一弄；领带没打好，就重新打理下……因此，只要是从家里出去，爸爸妈妈都精神抖擞。

受到爸爸妈妈的影响，小天也养成了出门前照镜子的习惯。这天，小天收拾完，背起小书包，和爸爸妈妈说了再见，正要出门。妈妈喊住他："小天，把你裙角拽一下。"

小天一照镜子，可不，裙子都撩起来了。小天窘迫地拽了一下，赶紧和妈妈说："我去上学了。"之后，飞也似的跑走。

爸爸妈妈相视一笑，说："孩子长大了，居然懂得害羞了。"而小天这边，一边走一边想着，以后出门前，一定要再照一照镜子，看看自己的衣服是不是合适，有没有纰漏，不能再有这样的事情发生了。

在学校一楼的大厅处，通常都会摆放一面大大的仪表镜，以便学生进教室前查看自己的衣着。此仪表镜的目的，其实就是为了让孩子们养成整理衣冠的好习惯。既然学校都有，为何在家里不能要求孩子这样做呢？

一个人仪表端庄是相当重要的。只有注重自己的仪表，大家才会尊重你。在家里进门的地方摆放一张仪表镜，让孩子出来、进去照一照，不合适的衣着就整理一下，时间长了，孩子就会养成整理衣冠的好习惯。

孩子同时也是家庭的代表。当孩子以整洁的面貌出现在别人面前的时候，人们就会觉得孩子干净、清爽，夸赞孩子的家教不错；如果孩子邋里邋遢，给他人的印象自然也就不太好，有的人甚至还会说："一看这孩子就知道他家里大人也不咋样！"

总之，一个人的衣着是会影响到他人的内在感觉，只有衣着整齐，行为举止才能自然而然地优雅。

方法一：家里放一块衣冠镜

在我认识的人中，很多人家里都摆放着一块衣冠镜，有样式时尚的，有样式古典的，出门进门，照一照，个人形象也就尽收眼底。李薇家就有这样的一块。

李薇非常爱美，是我大学同学。上学的时候，她就经常在自己的书包里装面小镜子，不时地拿出来照照。每次被我看到了，我都会笑她"臭美"！她也不反驳，理由是"爱美之心人皆有之。"

结婚布置新房的时候，李薇特意买一块仪表镜，放在新房大门口的位置。即使孩子出生后，她也没有搬走。有人担心镜子会伤着孩子，劝她换掉。可是，李薇却说："我要让我闺女从小就爱上照镜子。"听了她的高论，当时很多同学都翻白眼。

但没想到，在李薇的影响和教育下，她女儿确实养成了出门整理衣冠的好习惯。每次出门，都要像模像样地检查一下自己的衣服，遇到不合适的地方，就修整一下。

什么样的家庭，培养出什么样的孩子。对自己的形象比较注意的父母，也会培养出一个注意自己形象的孩子。比如，看看自己皮鞋有没有灰尘、领带有没有歪、口红的颜色正不正、裤线有没有对齐、衣服整不整齐、指甲有没有修……这些都是要注意的部分。

教会孩子重视自己的仪表，让他们养成穿戴整齐的习惯，这是对于一个孩子成长最基本的要求。衣服不一定要多么崭新，款式也不一定要多么新颖，可是一定要保持干净、整洁。要让孩子从小就养成注重自身形象、注重细节、尊重他人和爱自己的习惯。这些东西会影响孩子一辈子。

方法二：在门上贴一个"出门前守则"

如果家长看到孩子出门的时候穿戴不整齐，可以提醒孩子一下。如果孩子总是记不住，可以在门上贴一张"出门前守则"，每次出门的时候逐一核对，渐渐形成习惯，孩子就会注意维护自身形象了。

我有一个小学同学叫李薇，据她说，她女儿是个急脾气，有时候上学一着急就总是丢三落四的。于是，她写了一个"出门前守则"贴在了门上，不仅夫妻俩，就连女儿临出门时也要好好看看。这个"出门前守则"的第一条就是"请照一照镜子，做到穿戴整齐"。最开始引导女儿照镜子的时候，李薇也花了不少心思，只要孩子忘记了，她都会提醒一下。

有一次，女儿急着上学，吃完早饭，背起书包就要出门。李薇忽然发现女儿没戴红领巾，就提醒她说："你去看看'出门前守则'，想想自己忘记什么了？"

女儿忙着走，早把"出门前守则"忘了，更别说照镜子的事了。"妈妈，我要迟到了，你快说我到底忘记什么了。"

李薇说："你去照照镜子就知道了。丢了它，你们班就要被扣分了。"

听说要被扣分，女儿急忙站到镜子前，恍然大悟："我没戴红领巾！"

说完，她转身跑进自己的房间，红领巾正乖乖地躺在床头。

女儿系好红领巾，说："幸亏发现得早，要不我们班就真的被扣一分了。以后我一定上学前先照照镜子。"

李薇知道，学校规定，不戴红领巾，被学校门口安排的查考勤的学生发现，其所在班级就会被扣一分。这可是孩子们的集体荣誉啊，女儿自然不希望因为自己的疏忽而给班级抹黑。所以，自己的提醒开始让女儿对出门照镜子的事上心，她感到很高兴。

人们都说，一个行为只要连续做 28 天，就会养成习惯！检查衣物的行为，一旦连续做上几十次，也会形成习惯，成为孩子们日常生活的一部分。

我们虽然不能将某种好习惯强行加在孩子身上，却可以通过督促、引导等手段帮助孩子。孩子还小，离不开家长的督促和引导，如果你给他们提出的要求无人监督，那即使你给他提出的要求再合理，也是不行的。

本章小结

★ 如果孩子连家里的长辈都不尊重、不孝敬，即使懂再多规矩、明再多的事理，又能怎么样呢？

★ 造成孩子"拖拉"的原因有很多，家长一定要区别对待，不能用统一的标准去对待。

★ 过去，家里孩子多，每次吃饭，父母都免不了要强调：等家人都坐齐了再动筷子，吃饭时不能发出声音，不能挑食，更不能在盘子里乱翻……如今，不少家庭都是独生子女，全家人的希望全都寄托在一个孩子身上，于是，中国传统的家庭教育就慢慢被遗弃了。

★ 从医学角度来说，在睡眠时，孩子的身体各部位、大脑及神经系统都在进行自我调节，内分泌系统释放的生长激素会比平时增加3倍，因此平时就要鼓励孩子主动睡眠。

★ 引导孩子自己的东西自己收拾！如此，不仅可以提高孩子的自主性，还能增加孩子的责任意识，一举多得。

★ 跟自己的小伙伴在家里玩，如果孩子确实年龄小，家长就要看着点，以免出现意外；但如果孩子已经上了小学或中学，跟同学在屋里聊天，就要让他们关上门了，否则会吵到他人，也是对他人的基本尊重。

★ 出门的时候要告知父母自己去什么地方。如此，不仅可以让孩子知道父母一直在担心他，更可以让孩子成为懂得负责的人，对自己负责、对父母负责，对自己的家负责。

Part 5
遵守学校规章制度，学习成长两不误

没有教不好的孩子，只有不会教的父母：
这样定规矩，孩子不会抵触

场景 *1*：上学

◎ "我的红领巾在这儿呢"——配合值周生的检查，不推诿

学校的管理，跟家庭管教一样，是至关重要的事情。几乎每个校园门口都有值周生，主要负责检查孩子校服穿戴、红领巾佩戴，是否符合学校规范。这些是每个学生应该严格遵守的，一定要引导孩子配合检查，不能鼓励孩子蒙混过关。

豆豆今年9月刚刚步入小学，成为一名一年级新生。

在开学后两个月，老师把他身上存在的问题一股脑儿地堆在了他妈妈面前："不遵守校规校纪、上课注意力不集中、课间休息在楼道乱跑、上课影响其他同学听讲、做小动作……"

妈妈把豆豆叫到书房，跟孩子说起了班主任老师的"投诉"，希望能引导他正视规章制度，并能认真地遵守纪律。

沟通后得到孩子的回答是：妈妈，我知道了。

但第二天，一切还是老样子，豆豆只是嘴上说说，并没有想要付诸行动。

豆豆妈意识到，直接给他意见，他不一定能照着做，只有让豆豆自己

思考后给出方法，他才会愿意做。于是便对儿子说："进门要有进门的规矩，学校规定必须戴红领巾，要积极配合值周生的检查，你有什么解决方案吗？"

自那以后，豆豆每次进校门之前，遇到值周生都会指着自己的红领巾告诉值周生："我的红领巾在这儿！"

虽然孩子每天的进步只有一点点，要把缺点全部改好需要一个持续的过程，但是能看到他的点滴进步让妈妈感到非常欣慰，并坚信豆豆一定能做得更好！

从小学一年级开始，孩子就通过各项制度的教育和训练，初步了解了一些日常应该遵守的纪律和规矩。随着年龄逐渐增长，孩子的思维也渐渐成长，他们会明白，只有遵守学校纪律，才能维护正常的教学秩序。

为了检查学生的仪容仪表，很多学校都安排了值周生。监督孩子们有没有按时到校、有没有佩戴红领巾、有没有勾肩搭背、有没有互相推搡……而且，各项要求还有不同的分值，如果某项没有做到，就会扣除班级分值。如此，经过一周的检测，最终评出周表现最好的班级，颁发流动红旗。

流动红旗是班级的荣誉，需要班里每个孩子的共同努力。为了增强孩子的荣誉感，父母有义务引导孩子积极应对出勤检查。

方法一：让孩子用积极的心态去面对

孩子小，难免丢三落四，他们忘了戴红领巾或穿校服的时候，该怎么办？是让他们引以为戒，还是吓唬、责骂？我的答案是，让孩子用积极的心态去面对，并引以为戒。

这天早上，送女儿上学有些晚，回来的路上，我看到一个小女孩儿站在墙角不说话。

我觉得奇怪，就走过去问她："同学，你是几年级的？马上就要上课了，怎么还不进去？"

小女孩儿听到我的声音，抬头看了一眼，马上又低下了头。

我认真观察了她一下："今天是周一，你是不是忘戴红领巾了？"因为，我发现孩子脖子上空空如也！

女孩儿看了看我，眼泪扑簌簌流下来。果然被我说中了。

"没事的，进去吧，忘戴了，就跟老师说明白。"我劝说道。

小女孩儿不动。

"要不，用我手机给你妈妈打个电话，让她给你送过来？"

"我妈上班去了，离这儿很远的。"

看着小女孩儿为难的样子，我说："要不这样吧，你先等会儿。"然后，我便走进最近的小商店，买了一条红领巾。

当我将红领巾送给女孩儿的时候，女孩儿惊讶地睁大了眼睛："阿姨，谢谢你！"

我说："不客气！"

女孩儿突然眨了眨眼睛说："阿姨，我认识你，你是不是××的妈妈？"

"对，你们一个班？"

"是的！"

在我的注视下，小女孩儿跑进学校，上课铃声正好响起。

中午放学回来，女儿跟我说起这件事。显然，那个小女孩儿跟她说了早上的事情。下午放学回来，女儿书包里不仅多了一条红领巾，还多了一张卡片，上面写着"阿姨，谢谢您"。

其实，学习、纪律和人际关系所带来的困扰都是孩子成长中的必然经历，在我们的小学、中学阶段，也经常会遭遇这样的事情，所以没必要大发雷霆或者严厉说教，鼓励孩子用积极的心态去面对，并且牢牢记住教训才是最重要的事情。

学校一般都很重视周一早上的升国旗仪式，看到自己没戴红领巾或者没穿校服，胆小的孩子就会感到害怕，这时候最好的方式就是让他们正确对待，不要一味地责怪他们。红领巾是他们的荣誉，忘戴了，他们说不准比你还着急呢！抱怨、训斥，只会加重他们的内疚感，也解决不了任何问题。

方法二：父母一定要信任和支持孩子

有时孩子是不需要我们的说教和指导的，却需要我们的信任和支持。这种信任，对于孩子的智慧和能力发展非常有利。有时，孩子想出来的一些办法，在你面前可能是小儿科，甚至还有些稚嫩可笑。可是，对他们多一些信任，让他们把他们的想法付诸实践之后再慢慢改进，他们的进步就会很快。

自从戴上红领巾之后，女儿就非常重视。为了表达对女儿的信任，我便告诉她："红领巾是你自己的，也是你的标志。以后要自己洗、自己戴……"女儿很乖，果然从来都没有忘记过红领巾。甚至为了万无一失，自己又买了一条，放在书包里，以备不时之需。

按照管理，值周生由三年级以上的班级委派。在女儿升入三年级之后成功入选，这让她很高兴。这份差事，需要比同学早到20分钟。为了不影响孩子的工作，每次我都会早早送女儿过去，还叮嘱她：对待同学，要一视同仁，不能搞特殊；检查要认真，不能马虎……自从当了值周生，孩子做事的能力有了显著提高。

值周，是小学生非常重视的一项工作，如果你的孩子正好被选中，就要多给他们一些支持和鼓励。不能因为觉得这件事会耽误孩子的时间，而不让孩子去做，或者诋毁孩子。

场景 2：课前

◎ "这是我的作业"——按时交前一天的作业

作业，是每个正式上学孩子的必修课。很多学校都会规定作业晚上写、早上收。要想让孩子养成良好的学习习惯、让孩子增加对老师的尊重，就要督促孩子按时交作业。

聪聪今年5岁，上小学一年级。也许是因为年纪小，做作业的时候，总爱磨蹭，所以让孩子按时完成作业就成了聪聪妈最关心的事情。聪聪妈非常着急，孩子写作业时，如果动作很慢，妈妈就忍不住指手画脚，因此聪聪写作业的效率越来越低，错误满篇。

后来，孩子写作业眼看就跟不上同学的进度了，聪聪妈特地来向我咨询。我给聪聪妈推荐了一个方法——给孩子规定写作业的时间，让孩子有时间观念；孩子做作业的时候，家长不要分了孩子的心，不要总是盯着孩子，不要反复唠叨……

聪聪妈按照我教的方法去做，没多久，聪聪完成作业的速度就上来了，成绩也变好了。

按时交作业，是老师对学生提出的基本要求。

作业，是检查孩子当天知识是否掌握的一个重要方法。通过批改作业，老师就可以知道，孩子们哪些知识点掌握了、哪些没掌握、哪些孩子听课效率差……如此，就可以在后面的教学中，对孩子进行有针对性的引导和帮助。

孩子们为何不按时交作业？有的是没写完，有的是忘带了，有的是忘了交作业这件事……不管怎么样，终归都是一个"忘"！看到孩子经常忘记事情，有的父母会狠狠地说一句："什么都忘，怎么就不将自己忘了？"

其实，晚交作业或者不交作业都是对老师的不尊重。而且，这对孩子养成好的学习习惯非常不利。因此，不仅要引导孩子认真写作业，还要提醒孩子按时把作业交给老师。

方法一：进教室第一时间把作业交给课代表

通常，各科目都有自己的课代表，早上到学校的第一件事，课代表的任务就是收同学的作业，然后交给老师。这时候，我们的主要工作就是叮嘱孩子将作业积极交给课代表。

记得在我上初中的时候，班里有几个调皮的学生，每天早上都不能按时交作业，跟课代表唱对台戏。有一次，同学聚会甚至还聊起这些事情。当时，大家都觉得挺好玩，觉得童年有趣。可是，要知道，你的不交作业，会给课代表带来多少麻烦、给任课老师带来多少麻烦？将作业收齐后，老师要进行批阅。你无法按时交作业，老师就不能及时了解你的作业情况；你给课代表捣乱，就会影响课代表做课前准备……是不是挺不厚道的？

初中的时候，我就担任过数学课代表，对于不交作业的弊端深有感触。因此，我也不止一次教育女儿，早上一定要按时将作业交给课代表。

方法二：检查孩子的作业，做好保障工作

有些孩子之所以不能按时交作业，是因为前一天的作业没写完。如果发现

自己的孩子也出现了这样的问题，就要引起注意了。

孩子还小，尤其是低年级的孩子，有时看起来似乎在写作业，其实他们的心思早就不知道跑哪里去了。为了保证孩子能按时交作业，就要及时检查。

看到暑假马上就要来了，我跟李梅商量着，等孩子们考完试，就带他们去海南。为了商量事情，我便带着女儿来到他们家。

李梅的儿子小西跟我女儿同年级，但不在同一所学校。我们赶到的时候，小西正拿着自己的作业站在李梅面前，李梅正在教训孩子："一张数学卷，错了12道题！你眼瞎了？"

小西低着头小声说："粗心。"

李梅用手指重重地指了一道错题："什么叫粗心？粗心，只能说明你不会！在屋里待一整天，你干吗来着？去改！"

小西扭头离开。

李梅看到我们，问我："你给孩子检查过作业吗？你闺女的作业有错题吗？"

我回答说："检查啊！要不肯定会有错的！"

"哎呀！真是失策啊！我觉得，只要孩子按时写完作业就行了，没想到啊！昨天晚上，他们班主任给我打电话，说我儿子这几天总不交作业，让我帮孩子检查一下。结果，今天一检查，错了一大片！"

李梅这话，倒让我非常吃惊！孩子们还小，做作业很容易出错，因此最好在做完后检查一遍。可是，小学低年级的孩子，又不会自己检查，怎么办？就要家长带着孩子一起检查了。检查完了，错题改正了，孩子自然也就愿意交作业了。

很多时候，孩子不愿意交作业，就是因为知道自己有错题，不敢交。

◎ "下节课是数学课，把课本拿出来"——做好上课前的准备

充分的准备是成功的前提。提前将下节课要用的书本放在桌子上，上课的时候就方便了。如果想让孩子养成良好的上课习惯，就要引导他们做好课前准备。

大学毕业后的第一年，我曾到一所私立中学教语文。在教学的过程中，我发现，很多孩子上课之前，不会提前将课本准备好。等到老师来了，才着急地从书桌里掏课本；有些孩子，甚至老师都开始讲课了，才将课本慢慢地拿出来。

对于这个问题，很多老师都认为孩子学习不用心。其实，孩子学习是否用心，并不是一个简单的课前准备就能决定的，可是及时做好课前准备，确实可以大大提高课堂效率。

为了帮助孩子做好课前准备，在刚入学的时候，老师一般都会提前五分钟进教室，提醒孩子：要上课了，上厕所的同学尽快去；拿出教材，将课本和铅笔盒都放在桌子的左上角；回想上节课的内容，预习要讲的新课。这样的准备，对于知识的吸纳有着特别好的效果。

可是，当孩子渐渐长大后，老师不再将其作为重点要求时，孩子们就会忽视了。这时候，就该家长发挥作用了，要将这个项目作为重要的规矩加上去。

课前做好准备，是孩子提高课堂学习效率的前提；课前的准备过程，更是培养孩子良好习惯的过程。不将这些事情准备好，上课了教材还没拿出来，或者做课堂作业时笔还在书包里，或者查生字时字典还在书包里……怎一个忙字了得？听课效果自然就会受影响。

因此，就要鼓励孩子上课之前要做好准备，比如：需要提前准备好学习用品、

需要提前上好厕所，还要对一些重要知识进行预习、准备好各种学习用具。

方法一：准备好课前学习用品

学习用品主要指课本、文具盒、作业本等。课前，如果学习用品准备不齐，孩子上课就容易慌张，上课几分钟了，还没有进入状态，就会错过老师讲的新知识。

升入一年级后，班主任给孩子们提出了这样一个要求：每人每天至少带7根铅笔，不能带转笔刀。因为担心转笔刀划伤孩子。按理说，7根铅笔应该足够一天的使用了，可是男孩儿桐桐却总跟同桌乐乐借铅笔。乐乐不好意思拒绝，只能借给他。可是这样一来，乐乐的铅笔每天都不够用。

开始的几天，乐乐妈晚上加班比较忙，就没太注意。可是，等到后来检查乐乐作业的时候才发现，女儿的铅笔每天都会少一根。问起原因才知道，是同桌的桐桐借走了。

想到同学之间借铅笔很正常，乐乐妈决定再观察观察。没想到，观察了半个月都是这样。乐乐也不胜烦恼。

最后，乐乐妈果断将这个问题反映给了班主任。班主任了解情况后，将桐桐爸请到学校。听说了儿子的情况，桐桐爸一开始还有些不相信。当桐桐承认确实是这样时，桐桐爸才发现自己对儿子关心太少了。

上课，连学习用具都不准备，怎么学习？自己不准备也就罢了，还接二连三地跟同学借而毫不感到羞愧，就令人费解了。

如今，人们的生活水平已经显著提高，相信任何家庭都不会克扣孩子的几根铅笔，但在孩子准备学习用具的时候，一定检查一下，看看他们是否带全了。不带学习用具，不仅会给自己带来麻烦，也会给同学带来不便。当孩子带给同学的不便越来越多的时候，同学们就会渐渐远离他，你的孩子就会完全不合群了。

方法二：做好生理和心理准备

在正式上课之前，还要让孩子处理好个人私事、适当休息，调整好自己的心理状态，让自己平和下来，愉快地学习。没有做好生理准备，上了半节课，突然举手上厕所，会打乱老师和其他同学的思路，课堂效率会减低很多。李明就是这样的一个孩子。

李明是我同学的一个学生，当我的这位同学跟我提起这个孩子的时候，简直是欲哭无泪：

李明在我们班，学习中等，位置坐在中间，每天上午要上两次厕所，一次是第一节课上，一次是第四节课上。我问他，你为什么记得这么清楚？他说，这种情况是我先发现的，之后让其他老师帮忙留意，结果就得到这样一个结果。这种情况已经持续一个月，我找家长聊过，可是没用；跟孩子也谈过，可是无效。你说我该怎么办？

我说："怎么办？凉拌呗！课下督促他上厕所，上课途中不让去！"

"也只能这样了。每次上厕所的时候，他都会惊动后面的同学。"

我说："这孩子没养成好习惯，纠正一下会好的！"

跟同学聊过之后，我就把这件事忘了。半个月之后，同学给我打来电话说："孩子的问题确实解决了。我还找大人谈了谈，说通了道理，大人还挺配合。"

看到这个案例，可能有些人会说，连孩子上厕所都管，那老师不都累死了！是啊，确实有些孩子的行为习惯能够将老师累死。课前做不好生理和心理准备，上课的时候很容易出现问题；出现问题，需要解决，是不是要占用课上时间？是不是会耽误其他孩子上课……

家长要将这些道理，讲给孩子听，让他们引起重视。

没有教不好的孩子，只有不会教的父母：
这样定规矩，孩子不会抵触

场景 3：课中

◎ "谁的小纸条"——认真听讲，不捣乱

课堂上"身在曹营心在汉"四处张望、胡思乱想，根本不知道老师在讲什么，自然无法取得理想的成绩。听课效果差、作业效果差、学习效果差、考试效果差……孩子也就成了差生！如果想提高成绩，首先就要重视听课质量；而提高课堂效率的首要原则就是认真听讲，不捣乱！

虽然我教书的时间不长，接触的孩子也不多，但那些孩子们却给我留下了深刻的印象。

我记得，当时初二有个学生叫邓浩文。刚入学的时候，注意力十分不集中，而且还喜欢在课堂捣乱、传纸条。做题速度慢，每每做到一半，就会愣在那里，作业经常是最后一个交。

发现这个情况后，我跟家长反映了情况，同时了解了孩子在家里的情况，决定一起帮助他。

很快就有了效果，孩子上课时的注意力渐渐集中起来。上课时，他经常坐得端端正正，有时也会举手发言；作业也干净了许多；犯了错后，总能

及时改正；学习习惯逐渐变好，不用老师和家长刻意提醒了。

上课传纸条，相信很多人在学生时代都有过这样的经历，上面的内容无非就是：互相喊喊绰号，彼此传递答案，互相通个风、报个信……但这样的纸条确实让我们的学习生活增添了无限乐趣。

上课认真听讲，是提高听课效率的基本要求。可是，一心顾着传纸条，连课都不听了，就有点说不过去了。仔细研究起来发现，其实孩子上课不认真听讲的原因无非就几个：孩子对老师不感兴趣、孩子对课程不感兴趣、孩子无法长时间坐在那里、孩子跟不上老师的进度……再加上，孩子们本来就活泼好动，上课做小动作自然也就不可避免。

了解了这些，我们就可以针对不同孩子的特点，给他提出具体要求。通常，一节课的时间为40分钟，让一个小学生目不斜视地坐这么长时间，确实比较难。但老师也不会一整节课都在讲授新知识，因此不会太乏味。这时候，就要加强对孩子的引导了。

上课听讲，虽然是孩子上课的一种主观活动，可是父母却可以对孩子的听讲行为进行锻炼，让他们养成良好的学习习惯。

方法一：跟着老师的思路走

很多时候，孩子之所以无法集中注意力，主要是因为他们跟不上老师的思路，自然就会做其他事情。因此，要想提高孩子上课的注意力，就要尽力让他们能跟上老师的思路。

我认识一个高考状元，在跟我聊起学习经验的时候，他说："我的经验就是上课跟着老师的思路走，提高听课效率，保持注意力。刚上初中的时候，我的成绩也不好，中等偏下，也不喜欢学习，很贪玩。后来，家里有个亲戚考上了大学，我受到鼓舞，端正了学习态度。

"总结了自己的学习状况后，我发现自己主要抓不住课堂上的40分钟。当时，我们也有一些学习好的学生，我跟他们沟通后发现，他们的秘诀就是跟着老师的思路走、不掉队，于是……我的成绩一天天变好，学习效果也逐渐提高。"

对于这条学习经验，我也是感同身受。在我们上学的时候，班里有两个男生，平时也爱玩爱闹，但学习非常好。他们的秘诀就是，听课效率高，紧跟老师不松懈！不管老师讲到哪儿，他们都能应对自如。

跟着老师的思路走，孩子的思维就能活跃起来，当大脑有事可干的时候，也就不会想其他事情了，注意力自然集中了。

方法二：集中注意力，兴趣是关键

注意力的提高，也是需要训练的。比如，让孩子长时间看一本书。慢慢地，他们的注意力就会提高了。

我认识一个给孩子做康复训练的李老师，去他们培训机构的孩子，几乎都存在一些问题。其中，有一类就是注意力无法集中。

为了引导这些孩子提高注意力，李老师给孩子们设置了不同的课程训练，比如观察树叶、分类做练习、长时间紧盯一幅图、让孩子找错等。

李老师教得很认真，孩子们也颇有收获。

李老师通过自己的事告诉我，孩子的注意力是可以通过后天的训练获得的。

很多时候，并不是孩子的注意力集中不起来，而是对所做的事情不感兴趣。只要从孩子的兴趣出发，调动起孩子的积极性，注意力就会集中起来了。

◎ "一共才三道题，不算多"——认真对待课堂练习，不偷懒

课堂练习，是课堂教学的重要组成部分，老师留下的习题，不仅能够巩固

知识点，还可以启发思维，培养能力。所以，要让孩子重视课堂练习，端正态度，认真对待。忽视了课堂练习，课下如果想补，不仅费时费力，效果还不好。

  讲完一元一次方程式的相关知识点后，李老师布置了3道课堂练习题。

  几分钟后，孩子们把知识点消化得差不多了，学习好的同学都开始学习新知识点，然而那些学习不好的同学却总想着偷懒。

  老师十分不满意，就说："一共才三道题，不多！"说着，就让后面的张杰把题目做出来。张杰没有办法，赶紧拿起笔来做了一道题。

  会做的同学，基本在10分钟之内就都完成了，张杰在老师的鞭策之下也没有落下。

课堂练习是课堂教学的重要组成部分，是孩子在学习过程中不可或缺的重要环节，是为了让孩子掌握知识、形成技能、发展智力，更是挖掘孩子潜能的重要手段。而且，老师也可以从课堂练习中得到讲课效果的反馈，弄清楚学生理解什么、没有理解什么，之后再有效地安排教学进度和教学内容，让自己的教学方法尽善尽美。

可是，在我们身边，很多孩子却不重视课堂练习。老师布置了题目，自己不动脑筋，虽然看起来是在认真做作业，但效果实在一般。或者，直接抄同学的答案，就更加恶劣了。

其他孩子都在做练习，你的孩子却不重视，一天两天似乎还看不出来，时间长了，孩子的学习效果就会受到影响。而且，老师布置的课堂练习一般都有自己的目的，不重视课堂练习，孩子的成绩很容易就落在其他同学后面了。

方法一：课堂练习，要明确目标

不管什么事情，如果背离了目标，任何努力都没有作用。所以，任何练习，都应该有针对性；否则，就会出现相反的结果。对于这一点，也要告诉孩子。

我曾提醒过不止一个孩子，要明确课堂练习的目标。课堂练习是课堂的补充，为了检验孩子的听课效果，老师一般都会给孩子们布置几道题，尤其数学，更是如此。

在女儿上了小学之后，我也将这个听课的要点直接告诉了女儿。虽然女儿当时还不太明白目标究竟是什么，但也明白了，做课堂练习，是要学会哪些知识点，并且检验还有哪些知识是自己还不会的。

因此，只要发现了自己不会的，女儿都会回到家里重新复习，功课自然就落不下。

目标，是一个人做事的方向，有了目标，就知道该怎么走了。对于孩子来说，做课堂练习，明确目标也是异常重要的。

方法二：引导孩子认真做好，不会就问

老师在设计课堂练习的时候，一般都会尊重孩子间的个体差异，并承认孩子的接受能力不同，这时候，如果遇到自己不会的，就要让孩子大胆去问。

刚上小学，很多孩子都胆小，可能跟老师接触一段时间之后，他们的胆子就大了。这时候，就要鼓励孩子大胆提问。

天气一天天转暖，我打算买些花籽跟孩子在阳台上种些花。女儿很高兴，因为她最喜欢这些花花草草了。买籽、寻土、装盆……经过两天的忙碌，大大小小的盆便出现在了阳台上。女儿的"十万个为什么"又开始了："妈妈，这些什么时候发芽？""还由我来负责浇水吗？""能不能再多种几盆？"……对于女儿的问题，能当场回答的，我就会立刻回答；如果回答不了，就让她去电脑上找答案。

看到女儿问题这么多，我问她："种个花草，你问题都这么多，上课怎么不见你提问题？"女儿不说话。

我接着说："你们现在每天都有课堂练习做，遇到了问题，如果能像这样一样问老师，效果可能会更好。"

女儿看到我将话题引到了学习上，不再说话。对孩子的引导需要实时实地，只要条件具体，就要提醒他们，不能松懈！

场景 4：课间

◎ "不要在桌上踩"——爱护学校公物，不乱踩

爱护校内公物，是学生讲文明懂礼貌的重要体现。如果不换座位，一套桌椅，往往要跟随孩子整个求学阶段。因此，要鼓励孩子像爱护自己的新书包一样爱护桌椅，不能乱踢、乱踩、乱画。

一位班主任老师给我们讲了这样一个案例：

小金是个活泼好动的孩子，刚转学来的时候，看着挺不起眼。但过了一段时间，就成了班级里的风云人物。他很有领导能力，但是活泼孩子也有活泼孩子的缺点，例如，喜欢踩在桌上、喜欢恶作剧。

老师说了他很多回，他也做出了些改变，但是孩子嘛，有时候总控制不住自己。于是乎，我带着全班同学，一起编了一首儿歌《我爱我的小课桌》：

小课桌，小课桌，天天伴我来学习。

轻轻拿，轻轻放，保持干净又整齐。

不乱刻，不乱画，不乱晃动和踢踏。

没有教不好的孩子，只有不会教的父母：
这样定规矩，孩子不会抵触

以这首儿歌作为一个警示，只要有同学踩课桌，就会有一个同学唱这首儿歌，踩课桌的行为也因此而得以收敛。

从以上案例可以看出，儿歌确实可以有效地控制孩子踩课桌现象。

桌椅板凳等物品，在孩子上学后，每天都要接触，所以父母要告诉孩子：这些东西是公共财产，是为大家准备的，需要加倍爱护；破坏公物，是非常不道德的。

陶铸先生曾经说过："一个人有了崇高伟大的理想，还一定要有高尚的情操。没有高尚的情操，再崇高再伟大的理想也不能达到的。"所以，要想让孩子健康发展，要想在未来取得成就，就要对他们严格要求。擦洗课桌、轻轻开关门窗，这些事情看起来十分简单，但坚持下来，慢慢积累，就是一件非常值得骄傲的事情。

方法一：爱护公物的重要性

爱护公物，是一个人崇高品质的体现，是一个人美好心灵的写照。在学校，任何设施都凝聚着全社会的关爱，良好学习环境来之不易。所以，一定要让孩子学会爱护公物，这也是一个人道德的高尚所在。

在女儿班里，曾发生过这样一件事：

一男生上学迟到，在关闭的教室门外喊"报告"。可能是因为声音低，正在上课的老师没有听到，该生也就没有进来。之后，他便站在教室外等着。也是凑巧，居然没有一位老师出办公室，也就没有发现这名男生。

男生站着无聊，又不敢敲门，决定爬到暖气片上跳着玩。当时，学校走廊的暖气片是最古老的那种，每一片都裸露在外面，年代已经很久。没想到男生一站上去，暖气管竟然破了！

暖气片中的水迅速流出，男生一看闯了祸，赶紧躲到洗手间。

水越积越多，从楼梯流到楼下，楼梯成了水帘洞。也是凑巧，由于是冬天，所有的教室都关着门，居然没人发现。20分钟后，一位老师从办公室出来上厕所，这才发现了问题。于是，整层楼的班级都开始大作战，一场除水作战开始打响。

最终，该男生也在厕所里被找到。

当班主任给我们开会说起这件事的时候，很多家长都觉得不可思议，为什么孩子会这样？

其实说到底，就是孩子不懂得维护学校的公共财产。想想看，哪个孩子没事干了，会去踩暖气管？虽然说暖气管年久失修是主要原因，但孩子的行为却是整件事的直接诱因。但凡有点保护学校公物的意识，都不会这样做的。

方法二：同学之间彼此监督

如今，很多老师为了方便工作，都开通了微信。在我女儿他们班，每组都设立了小组长，小组长负责每天收作业，之后他们会将作业拍成图片，发到微信群里。这样，家长就可以更好地了解孩子的作业情况了；而且，通过比较，家长也能发现自己孩子的不足。

受此启发，如果想让孩子爱护学校公物，也可以让孩子之间互相监督。只要给他们找好监督对象，然后将情况告诉你即可。

当然，前提是不能让孩子知道，或者不能让两个孩子之间结成联盟。否则，效果就差了。

孩子之间接触时间是最长的，只要我们将孩子的力量发挥出来，必然能发挥出不一样的效果。

◎ "下楼梯,慢点"——和同学打闹要有度

孩子们都调皮、爱玩,喜欢一些有新意又刺激的东西,而且他们的玩法花样百出。因此,为了自身安全,父母要提醒孩子,千万不要在上下楼梯的时候跟同学玩闹,因为这样很容易从楼梯上掉下去,磕到碰到。

去年有段时间,学校里流行这样一个游戏:下楼的时候,不走楼梯,而是跳上楼梯扶手,顺着楼梯滑下。有很多人都这么玩,觉得很帅很拉风。

放学后,琦琦与同学一起下楼,在楼道里连蹦带跳。同学提议,也感受一把"楼道滑梯"的魅力,琦琦胆子小,但是在同学的撺掇下,和他们一起玩起了"楼道滑梯"。

不巧的是,琦琦坐上去,犹犹豫豫不敢滑,重重地摔在了地上,造成锁骨和胳膊骨折,痛苦不堪。

课间休息是孩子学习过程中的加油站,能够有效地缓解孩子上节课的疲劳,保证孩子用更充沛的精力投入下节课的学习。紧张的课堂 40 分钟后,只要一听到下课铃声响起,有的孩子就会冲出教室,到走廊、操场上跑跑跳跳、打打闹闹。

对于高楼层的学生来说,楼梯是他们的必经之路。尤其是上下学和课间,来往学生多,如果放松警惕,上下楼梯的时候互相推搡、玩闹,一不留神就会出危险,严重时还会危及生命。

有些孩子相处的时间长了,认为彼此之间非常投缘,于是关系格外亲近些,开玩笑、打闹的时候就会忽略场合,甚至在走廊上追逐、猛推;有的孩子完全没

有遵守上下楼梯秩序的意识，上下楼梯时着急，于是推搡、拥挤……无论是哪种情况，都容易发生坠楼或者踩踏事故。如果孩子受了轻伤还好说，一旦造成重伤或者失去生命，最终受害的是两个家庭。

最近几年新闻曾报道过，一些学校的孩子发生踩踏事件，有的孩子因为受伤严重，经抢救无效而身亡。所以，为了以防万一，父母一定要警告孩子，坚决遵守学校的规定，上下楼梯或者在走廊上不能玩耍、打闹。

方法一：给孩子看一些相关新闻报道

如果想制止孩子之间在楼梯上嬉笑打闹，就要明确地告诉他们，禁止打闹。这样，孩子才会重视起来。

李希很淘气，特别好动，为了孩子的安全，每次开学之前，妈妈都要叮嘱他，不能跟同学打打闹闹，尤其是上下楼梯的时候。可是，李希虽然嘴上答应得好好的，却一转头就开始和小伙伴们打打闹闹。

有一次，李希跟同学下楼梯玩的时候，无意中推了同学一把，同学一脚踏空，从楼梯上滚了下来，腿骨骨折。

他爸爸知道后，到医院看望了该同学，回家后狠狠地教训了李希："幸亏是从第三个台阶摔下来的，台阶再高点，还不直接摔死了！怎么一点儿都不让我们省心！以后，再出现类似的情况，你自己处理，该赔钱自己赔；伤了人，自己去给人家当儿子！"

从那以后，李希再也没有犯过类似的错误。

上下楼梯很容易发生危险，因此要和孩子好好沟通，明确地和他说禁止在楼梯间追跑打闹，并且把追跑后果的严重性和孩子讲清楚，让他明白这样做的后果，他们就会明白应不应该听话了。

方法二：与老师的沟通要保持顺畅

保持跟孩子任课老师的畅通交流，让老师提醒孩子：离开教室后，要尽量减少在走廊内的停留，不大声说话，不跑、不跳，要靠右行走；发现不良状况，一定要及时制止；对于一些违反纪律的孩子，老师也要适时批评教育。

为了跟老师保持良好的互动，我加了女儿班主任的微信。而且，为了便于班级管理，他们班主任还建了一个微信群。平时，班里发生的事，老师都会在微信里念叨两句。比如：每天的作业完成情况、孩子的在校表现情况、孩子有无进步、孩子哪方面做得不好，甚至有时候老师还会直接将孩子上课的图片发在群里，让我们了解孩子们真实的上课状态。

如今，老师跟家长的沟通方式增加了很多。与老师的沟通变得更加方便，所以我们应该积极监督孩子在学校的状态，并配合老师的工作，并且在力所能及的范围内帮助孩子养成良好的学习习惯，改掉追跑打闹的坏习惯。

场景 5：上副科课

◎ "老师好"——尊重、问候副科老师

尊师重道是我国的传统，对老师不尊重，就是对知识的不尊重，就不会产生理想的教育效果，因此在引导孩子纠正自己的行为时，首先就要尊重老师。无论是主科，还是副科，都要给予足够的尊重。

下面是一名副科教师的悲哀：

> 我是梁莉，一名初中毕业班的班主任，同时还是该年级政治老师。这两年，我深刻体会到在一所普通中学做副科老师的艰难和无奈。
>
> 初三的孩子除了语文、数学、英语、物理、化学等中考科目，只剩下体育和政治。体育也是参加中考的，虽然只占30分，但好歹还有一席之地，地位最惨的当属政治，被称为副科中的副科。有时人们还碍于素质教育的说法，不好直白地用主副科来划分，把它称为"非中考科目"，其实是一样的。
>
> 有一次跟孩子聊天，听说有些孩子喜欢上政治课，甚至一听主科老师要占用政治课就讨厌，心中窃喜不已，但深入了解才知道，孩子们是把政

治课当成了"放松课"：用来聊天、听MP3、看闲书，甚至睡大觉，以缓解大脑疲劳；还有的把政治课当作"自习课"，做其他科作业，复习其他科功课，以减轻自己回家后的课业负担。

孩子的成长之路，老师对其有着巨大的影响，很多时候老师甚至还有着决定性的作用。

很多人都赞誉老师，说他们是一些"手执金钥匙的人"，因为老师可以打开孩子心中智慧的大门；很多人还称颂老师是"人类灵魂的工程师"，因为老师可以把孩子的生命雕塑得更为灵动。可是，近年来"鲜花只献给班主任"已经成了教师节的普遍现象，然而这也只是中小学主、副科教师不同境遇的一些小缩影。

其实，在教学和孩子的成长中，每门学科都具有十分重要的意义，为什么要被分为三六九等？不要觉得孩子们不懂这些分类，既然如此，为何在很多节日里，比如教师节、元旦，副科老师就几乎收不到孩子的礼物，主科老师却能收到很多贺卡、鲜花呢？

因为他们也知道，主科成绩需要抓，副科成绩不用抓；给主科老师送东西，老师就会关注自己，在学习上多帮助自己，副科老师跟我有什么关系？或许，说到这里，你会觉得孩子太现实了。可是，现实就是这样的。而且，很多时候并不是孩子自己学的，而是在家长潜移默化的影响下学会的。想想看，是不是你也在言谈举止中这样暗示过孩子？

无论是主科还是副科，都对孩子的成长有着重要的作用；不管是主科老师还是副科老师，也都会对孩子负责。因此，父母要教孩子尊重各科老师，平等地对待，并主动问候。

方法一：对副科老师也要有礼貌

对于副科，比如音乐、美术，我上学的时候也不够重视，为什么？因为期末考试不考。因此，对待副科老师，我们也不像对待主科老师一样。即使是路上遇到了副科老师，有时也爱理不理的。现在想想，其实很多副科老师也很尽职尽责，只不过由于不参加统一考试，因此不被学生重视。

在女儿上小学之后，我就教育她，一定要尊重副科老师；在给其他孩子做指导的时候，如果需要，我也会告诉他们尊敬自己的副科老师。

有一次我给学生做培训，一个初中男生问了我这样一个问题：老师，副科老师就不值得被尊重吗？听了他的话，周围的很多学生都笑出了声。

我问他："为什么这样说？"

男孩儿回答说："因为我们学校很多学生都不重视副科，不喜欢副科老师。有些家长也觉得副科老师是可有可无的。"

我知道，男孩儿说的问题确实很现实。尤其是面临考试时，音、体、美等副科时间总是被语数外三大主科给占了，因为大家普遍认为副科跟考试成绩没有关系，所以很容易把它们给忽略了，也难怪孩子们会不看重副科了。

我严肃地回答他："对于初中生来说，音乐、美术之类的副科，同样很重要，可以让你们的大脑在紧张的学习之余，得到良好的调节。可并不是说，不要成绩的科目，老师就不好、不值得尊重。副科老师同样值得我们尊重。"

我知道，这一番话肯定会引起学生的思考，但他们是否会身体力行，我就不得而知了。但我猜想，至少有一半孩子依然会不重视副科老师，因为这是学科历史遗留的问题，不是我一两句话或者学生听一次课就可以解决的。

无论是主科老师还是副科老师，见了老师就要站好；说话的时候，站直微笑，注意态度和语气。在上课发言前，要举手得到老师的同意；交给老师的作业，要字迹清楚，不能马马虎虎……总之，教育孩子尊重各科老师、尊重所有人是上学时期必须学会的基本礼仪和家教。

方法二：让孩子知道，副科老师也可以当最可亲的朋友

在孩子刚接触老师的时候，都会隐隐约约地有一些畏惧。这时候，就要告

诉孩子，副科老师也是和蔼可亲的。有了这个思想的提前灌输，孩子的畏惧心就会逐渐消失。

在我们身边，很多家长都没有注意到这点，而且还动不动就用老师来吓唬孩子说："你再做些什么，让老师好好管教你吧！"孩子自然就无法对老师留下好印象。

女儿的音乐老师，跟我们住在同一个小区。放学的时候，我们会一起走回家。一开始女儿不喜欢跟音乐老师一起回家，但时间长了渐渐也就适应了。

一次，我一时忙于工作，忘了放学接孩子。没想到，走到小区门口的时候，看到女儿正跟着他们音乐老师一起进小区。女儿看到我，兴奋地说："妈，你是不是今天忘记接我了？"

我看了看音乐老师说："真是谢谢你了，今天忙着忙着就忘了时间！"

音乐老师说："没事，顺道儿！"

送走音乐老师，我带着女儿到小区旁边面馆吃饭，一边吃一边聊天，当然主题是关于副科老师的。

"你看，音乐老师是不是挺好的？还不喜欢副科老师吗？"

女儿赞同地说："嗯，音乐老师也不错！其他的副科老师就看他们的表现吧！"

"这孩子，怎么说话呢！"

我知道，女儿虽然对音乐老师已经有了好感，可是对其他副科老师却还没有。

孩子还小，对于副科老师都有自己的看法，我们要做的，就是引导孩子将副科老师也当作朋友，彼此之间尽量缩短距离，不要相距太远。因为，副科也是孩子必须要学的科目，任何一个孩子、在任何学习阶段，都会跟副科老师接触。因此，要提醒孩子：副科老师也是值得尊敬的！

◎ "老师,您看我这样做对不对"——积极配合老师

师生关系,是教师和孩子的教育过程中形成的一种互动关系。互动的关系,是一种最好的关系。当老师提出问题,学生却低头不答,那课堂会变成什么样?因此,当老师给学生提出要求的时候,要引导孩子配合老师。如此,老师才会知道,哪些知识学生掌握了;哪些知识,孩子们还不知道。

有一个男孩儿,因为字迹难看,老师要求他再写整齐一些,可是他不能接受,因为他总觉得自己已经很努力地书写了,觉得"只要字写对了,笔迹没什么关系"。

老师十分在意他的书写问题,甚至有时候对他乱糟糟的作业还表示过愤怒,让他重写。可是这个小男孩儿,总是太相信自己的主观判断,从来不积极配合老师,导致期末考试作文得了特别低的分数。小男孩儿看到分数之后垂头丧气,暗下决心,以后要好好听老师的话。

"尊师爱生"是历来的"求学之道"和"为师之道"。尊师,简而言之就是要尊重老师的劳动和人格,对老师有礼貌、理解老师的工作、理解老师的心血和愿望,并且能很好地接受老师的教育。

现代社会,"尊师爱生"表现出了一种新型师生关系,这是师生交流的感情基础,也是一种道德基础,主要目的就是让老师和学生积极配合,让教育活动顺利开展。

积极配合老师上课,是尊敬老师的重要体现。想想看,如果老师提出了要求,

孩子们却不配合，甚至公然"对着干"，课堂会是怎样的情景？如同在家里一样，如果你给孩子提出了要求，孩子却顶撞你，你是不是也会感到很生气？

课堂不是老师一个人的，更是学生的，单独将老师放在讲台上，学生却一个个呆若木鸡，效果定然不好。因此，即使是副科课，也要让孩子积极配合。

方法一：孩子感兴趣的科目，积极表现

任何良好的师生关系，都应该是和谐友善的，应当建立在相互尊重和信任的关系之上。没有这个基础，很多关系都是梦幻泡影，所以要想让孩子喜欢上副科及副科老师，就要让孩子自己对副科产生积极性。

在我的同学中，有个男生，非常喜欢我们音乐老师，因此只要是音乐课，他都听得特别认真。现在想起来，印象依然很深刻。我记得，那个男生的嗓子很好，大家都喜欢听他唱。听他说，每次只要一有音乐课，他都会提前跟老师说，让老师在课上提问他，让他带着我们唱。怪不得，音乐老师经常会请他站起来领唱呢，原来还有这样一回事。

他还告诉我们，他家有很多磁带。20世纪80年代，我们还没有MP4，也没有手机，都是用录音机和磁带。每次只要一开学，他都会让音乐老师帮他录一盘磁带。上音乐课的时候，他会提前跟着音乐唱几遍。

到了现在，这位同学都跟我们音乐老师保持着友好的联系。

由此可见，学生与副科老师之间也可以建立起长久友谊的。只要提高自己对课程的积极性，跟副科老师之间的关系就会融洽很多。

方法二：主动让孩子为老师提供帮助

任何良好的师生关系与和谐愉快的课堂教学气氛，都是孩子敢于参与的先决条件。孩子在没有压力和喜欢老师的前提下，才会更加喜爱学习。

美术之类的副科，有时需要很多辅助的东西，这时候就可以鼓励孩子去给老师提供帮助，比如要画水彩画，就帮老师打点水。有了孩子跟老师的互动，

彼此的关系就会慢慢变好了。

关于这一点，我也曾跟一个中学生建议过。当时，他跟美术老师关系搞得很僵，家长想让他们缓和一下矛盾，可是孩子却不知道该如何做，也担心被同学说拍老师的马屁。

我鼓励他说："在老师上课的时候，如果需要，给老师提供一些帮助，并不是拍马屁。"

男生接受了我的意见。不管是副科老师，还是主科老师，他都会主动给老师帮忙，物理课上需要做实验，他会帮老师拿东西；化学课上，他也会主动给老师打下手。这样，不仅融洽了他跟各科老师之间的关系，还有力地促进了自己的学习，一举多得。

没有教不好的孩子，只有不会教的父母：
这样定规矩，孩子不会抵触

场景 6：活动

◎ "我想学跳绳"——积极参与学校的活动

学校，除了学习，还有活动。通过大大小小的活动，才能让学生之间的关系更加融洽。因此，家长可以多鼓励孩子积极参加各种学校组织的活动。如果孩子确实不会，比如跳绳，就让孩子在平时多练习，学会了，就可以跟其他孩子打成一片了。

一个校园活动在孩子眼里是这样的：

一年一度的运动会马上就要到了，在班里谈论最多的话题，就是谁要报什么项目。"我想报跳绳""我报 400 米""我报跳高"……大家都在积极地报名参与。看到我们这么积极，老师也高兴得合不拢嘴。

其实，我是第一次参加运动会，自然特别开心。在运动会正式开始的那一瞬间，整个赛场都沸腾起来，周围都是加油助威的声音，热闹非凡。

田径场上的运动员，动如脱兔，飞一般跑出起点，埋头冲向终点，让观众兴奋不已。队员们一个个摩拳擦掌，毫不示弱。所有的运动员都为了可以取得更好的成绩，拼尽全力，即使是失败，也丝毫不放弃。

学校集体活动不仅能够展示出孩子的青春风采，还可以考验他们的体能和心理素质。当然，鼓励孩子积极参与学校举办的活动，还能激发他们的热情和集体荣誉感。

为了活跃学生间的学习气氛，学校一般都会组织各种活动，比如运动会、乒乓球比赛、踢毽子比赛……所有的活动，对孩子的成长都是有利的。

如今，很多人都觉得孩子"懒"！懒于穿衣、懒于叠被、懒于读书、懒于写作业、懒于说话、做事……其实，根治这一问题的方法就是鼓励孩子多活动，尤其是参与学校的活动。

当然，不管哪种活动，都要让孩子自由选择，不能逼迫，否则反而会引起孩子的反感。我们可以在平时认真观察他们的喜好，提高他们对综合课和探究活动的兴趣。那么，该如何调动孩子的主动性和积极性呢？如何引导孩子喜欢上这样的活动呢？

方法一：孩子感兴趣的活动，鼓励他参与

每个孩子都有自己的兴趣爱好，只不过有的明显，有的不明显而已。如果学校组织的活动，正好是孩子本来就感兴趣的，那就鼓励孩子主动参与。

郝敏从5岁就开始学跳舞了，一直到小学三年级，从来都没间断。每年元旦的时候，班里都要组织学生庆祝。这时候，老师一般会让学生准备节目，题材不限。郝敏虽然喜欢跳舞，可是从来都没有参与过。

这一次，老师又给学生们布置了任务——个人出节目！

郝敏跟妈妈说，自己想给同学跳支舞，可是不知道能不能跳好。

听了孩子的话，妈妈鼓励她说："都三年级了，同学们很喜欢你，如果你再给他们跳一支舞，他们一定会更加喜爱你的！你可以先去跟老师报名，然后我陪你准备。"

第二天，郝敏便跟老师报了名。她认真地挑选了一首自己喜欢的曲子，

然后录音，编排。经过一个星期的准备，一支舞蹈很快就完成了。

元旦这一天到来，当郝敏一曲跳完的时候，教室里爆发出了热烈的掌声。

郝敏看到这么多同学都喜欢自己，信心陡增！

积极参与学校活动，是让孩子融入集体的一种很好的方式。因此，如果孩子有某方面的特长，就鼓励他们积极展示出来。如此，不仅可以让孩子快速融入集体，还能让孩子对自己的能力多一些肯定。

方法二：不要给孩子泼冷水

在我们身边有些家长喜欢给孩子泼冷水，一说到自己的孩子，满嘴都是贬损，好像孩子不是他的一样。

这天，我跟一位男孩儿的妈妈有这样一段对话：

男孩儿的妈妈：我那孩子真是气死我了，平时不好好学习，可是只要学校一组织活动，肯定少不了他。

我：孩子很活跃？

男孩儿的妈妈：岂止是活跃，简直就是疯了！下个星期，学校要举办运动会。为了不影响他的学习，我让他报一项就行了。可是他非要报三项，结果老师还同意了。

我：孩子积极参与学校活动，不错呀！

男孩儿的妈妈：不是我泼冷水，报这么多有什么用？又拿不了什么奖。再说，就算得奖了又能怎么样？学习成绩还不是照样上不去！

我：其实，你可以借着参加运动会的机会，鼓励孩子好好学习。泼冷水只会打消孩子做事的积极性，起不到正面效果的。

……

那天，我们聊了很多，这位男孩儿的妈妈会不会接受我的意见，我倒没抱多大希望，因为通过她的语言，我明显察觉到，她对自己的孩子盲目贬低，在她眼中儿子什么都不是。

我要说的是，每个孩子都有自己的兴趣所在，有的喜欢学习，有的喜欢运动，让一个喜欢运动的孩子去学习，效果自然会很差。正确的做法应该是，积极鼓励孩子，而不是贬损和诋毁！

◎"老师，我觉得……更好一些"——主动给老师献计献策

孩子都有着丰富的想象力，经常会想出一些好点子，当老师遇到问题的时候，要鼓励孩子主动想办法，为老师提供帮助。这样，不仅是孩子发散思维的好机会，还能让孩子感受到自豪，提高自信心。

幼儿园正在举行自编自讲的故事会。

老师首先给大家讲了一个故事，故事是这样的："有一天，一只小猴跑到林子里采蘑菇。"刚说到这里，就有一些小朋友喊了起来："老师不对，应该是小白兔采蘑菇，小猴应该摘桃子，不会采蘑菇。"孩子们你一言我一语，班级里充满生气。

班长佳琪坐在那里想了想，对大家说道："为什么小猴不能采蘑菇，只有小白兔才能采蘑菇呢？"然后她看着老师说，"老师就不能讲一个小猴采蘑菇的故事吗？"

小朋友们马上又开始叽叽喳喳了，有的小朋友说："因为小猴不爱吃蘑菇呀！"有的说："小猴就应该爬树吃果子才对！"……

这时候，老师让同学们安静下来，微笑道："你们可以试着动一下脑子，编一个让小猴采蘑菇的故事吗？"

在老师的建议下，小朋友们都开始重新编故事了，有的小朋友说："小猴想换换口味。"有的小朋友则说："小白兔和小猴是好朋友，小白兔生病了，小猴才帮忙采蘑菇的……"有的小朋友说："小白兔过生日，小猴要给小白兔送生日礼物！"

学校举办的各种活动，目的都是为了孩子。可是，老师毕竟不是孩子，而且孩子们成长很快，当老师告诉孩子们要举办活动的时候，就要鼓励孩子主动给老师献计献策。

维果茨基曾提示过我们："教育作为一种代际之间的文化传送活动，实际上就是在成人和儿童之间发生的'社会共享'的认知。"任何一种教育形式都是相互的，一厢情愿地灌输构不成教育，教育首先只是一种互相交流的关系，所以要在孩子跟老师之间建立起一种积极有效的互动方式，保证孩子的健康成长。

方法一：用心交流，积极地情感互动

人非草木，孰能无情？每一个人都有感情，而对自己热爱的人，孩子会有深深的思念之情和亲近之意。如果想有这样积极、进取的情感交流，就要鼓励孩子多跟老师用心交流，进行积极的情感互动。

有一次，女儿所在的班级举办跳绳比赛，为了活跃气氛，老师让学生们自己献计献策。女儿想了一些好点子，但是又不敢跟老师说，于是我便鼓励她主动跟老师交流。

第二天，女儿回来跟我说，老师非常喜欢她的点子，还当着同学的面表扬了她。女儿很高兴，跟老师的距离一下拉近了。

人与人的交流靠情感，只有鼓励孩子跟老师多进行感性的交流，才能让孩子减少对老师的畏惧心理，才能让师生关系更加融洽。

方法二：培养孩子的自信心

很多孩子之所以不敢对老师说出自己的想法，主要就是因为对自己没信心，因此要想让他们把自己的想法说出来，就要逐渐提高他们的自信心。

同样，为了提高女儿的积极性，我们也在自信心的培养上下足了功夫。

女儿不敢向老师阐述意见，我们就鼓励她敢于表达；

女儿不敢跟同学说话，我们就鼓励她相信自己；

……

通过简单的训练，女儿的自信心果然得到了提升。

由此可见，要想让孩子提高参与的热情，就要尊重孩子的自信心、自尊心。当孩子对自己有信心的时候，他们也就敢把自己的想法说给老师听了。

本章小结

★ 流动红旗是班级的荣誉，需要班里每个孩子的共同努力。为了增强孩子的荣誉感，父母有义务引导孩子积极应对出勤检查。

★ 晚交作业或者不交作业都是对老师的不尊重。而且，这对孩子养成好的学习习惯非常不利。因此，不仅要引导孩子认真写作业，还要提醒孩子按时把作业交给老师。

★ 听课效果差、作业效果差、学习效果差、考试效果差……孩子也就成了差生！如果想提高成绩，首先就要重视听课质量；而提高课堂效率的首要原则就是认真听讲，不捣乱！

★ 陶铸先生曾经说过："一个人有了崇高伟大的理想，还一定要有高尚的情操。没有高尚的情操，再崇高再伟大的理想也不能达到的。"所以，要想让孩子健康发展，要想在未来取得成就，就要对他们严格要求。

★ 无论是主科还是副科，都对孩子的成长有着重要的作用；不管是主科老师还是副科老师，也都会对孩子负责。因此，父母要教孩子尊重各科老师，平等地对待，并主动问候。

★ 学校集体活动不仅能够展示出孩子的青春风采，还可以考验他们的体能和心理素质。当然，鼓励孩子积极参与学校举办的活动，还能激发他们的热情和集体荣誉感。

Part 6
公共场所的规则照样不能忽视

没有教不好的孩子，只有不会教的父母：
这样定规矩，孩子不会抵触

场景 *1*：游乐场

◎ "队伍好长呀"——主动排队，不插队

出去玩时，一旦遇到排队的情况，有些孩子就会反应强烈或者嚷嚷：为什么我就不能排到前面？甚至有些孩子为了能早点儿进入游乐场或者玩上自己想玩的游戏，会直接拉着大人往前插队。这种行为非常不礼貌，家长此时应该提醒孩子：主动排队，不插队！

在很多场合都需要排队，超市结账的时候要排队、银行办理业务的时候要排队，即使是外出旅游都需要排队；而且，最让人心烦的是，有时候队伍似乎无穷无尽，这时，如果有人插队，就会让人非常不愉快了。

孩子 5 岁生日那天，周翔夫妻俩决定带孩子到游乐园玩。不巧正赶上星期天，游乐园里人特别多。孩子想玩摩天轮，但是摩天轮售票口排队的人特别多，他们只好排在队尾慢慢等。就在大家都好好排队的时候，周翔突然被人用很大的力气推了一下，他差点摔倒，生气地回头看看究竟是什么情况。

原来是队伍中间的三个人起了争执。从人们的闲聊中，周翔发现，其

中两个人是认识的。他们刚玩了其他的项目,现在想玩摩天轮,见排队的人多,于是想找个认识的人借机插队,结果后面的人不同意。一来二去,就发生了后面的事情。

案例中,争执的根本原因就是插队。"找个认识的人插队"是很多人的想法,但是,如果真的这么做,那后面规规矩矩排队的人不知道还要多久才能买到票,还有可能因为别人的插队导致自己玩不上,耽误了时间不说,好不容易来一趟,也没机会玩其他的,换成是谁,心里都会别扭甚至生气。

孩子懵懂无知,进入幼儿园,从上课混乱无秩序、吃饭到处乱跑、做操玩游戏叽叽喳喳,逐渐学会了有秩序地吃饭、遵守游戏规则、上课举手回答问题……由此可见,任何坏习惯都是可以改正的。在游乐园玩同样要遵守游乐园的规则,比如买票要排队,需要父母陪同的项目一定不能让孩子单独玩……

孩子是否遵守游乐园的规则,能够体现出很多,如父母是否对孩子进行过规则意识的教育和培养,孩子的德行是否被别人接受等。如果父母不希望自己的孩子言行被别人指责,就要教他们遵守规矩,而这又不能完全把责任推给学校和老师,父母言传身教对他们潜移默化的影响更为重要。

方法一:换位思考,增强孩子的排队意识

我女儿小时候,网络购票还没有开始盛行,如果想买票,很多人就会到窗口去排队购买。由于排队买票的人多,免不了会出现插队、加塞的现象。电视、报纸上也经常会出现此类的新闻或报道,我每次都会问女儿:某某的做法为什么不对?某某的做法,对在哪里?虽然女儿当时只有两三岁,但经过我的引导和她自己的分析,也意识到插队是一种不文明的行为。

有一次,我带着女儿去科技馆。其中儿童科学乐园里的孩子很多,每个游戏项目前都排起了长长的队。当时女儿想玩一个游戏,名字我忘了,但过程依然清晰地记得。

没有教不好的孩子，只有不会教的父母：
这样定规矩，孩子不会抵触

一个四五岁的小男孩跑过来，看到人多，就想趁机往前面挤。哪知道，他刚站到前面，就遭到后面排队的孩子的指责："你怎么不排队呀？""我们都排着队呢，你凭什么随便插队啊？""上后边排队去！"

小男孩儿委屈地看着不远处的妈妈，只好灰溜溜地朝外走，他妈妈领着他去别的地方玩。女儿歪头向后看，不禁感慨说："排队的人可真多！"

"嗯，人是不少。刚才这个小男孩儿要想玩，至少得排一个小时，不知道他有没有耐心？如果你是这个小男孩儿，你会怎么想？"

"因为插队被别人说，我会觉得很难过。"

"那如果他插队插在了你的前边呢？"

"我也会不高兴，可能也会说他，让他到后边去排队。"

"所以说，这种时候，排队是最好的选择，对吧？"

女儿若有所思地点点头。

等轮到我们的时候，已经是 20 分钟之后。主办方为了让小朋友都能玩上，规定每个孩子只能玩 5 分钟。时间虽然短，女儿玩得也不尽兴，但她最后告诉我，她能玩上，感觉挺满足的。

方法二：用儿歌的形式让孩子记住一些规则

女儿上幼儿园的时候，老师曾教过他们一些关于遵守公共秩序的儿歌：

公共场所要注意，排队等候守秩序。

我不插队不拥挤，他人插队不允许。

遇见病人需急救，优先挂号我让你。

同学们，要记牢，上下车时队排好。

上了车，不乱跑，准备零钱去买票。

车厢里，不大叫，安安静静秩序好。

有座位，不去抢，老人孩子照顾到。

下车时，不拥挤，耽误时间易摔跤。

讲文明，讲礼貌，开开心心上学校。

小朋友，你别跑，站稳脚步把灯瞧。

红灯停，绿灯行，黄灯请你准备好，

过路应走斑马线，交通规则要记牢。

……

我记得，当时刚学完的时候，女儿每天都要给我背一背。对于幼儿园老师的这种教育方式，我是非常认同的。孩子们还小，父母讲的大道理总是让他们很难接受，这种情况下，我们完全可以将相关教育融入到儿歌的朗诵中。

儿歌的语言简洁、明了、押韵，便于理解，易于记忆，同时还带有趣味性、知识性。用它们来引导孩子遵守公共守则，确实是一种不错的方式。

◎ "海盗船，我只坐中间"——选择适合孩子的游戏玩

所有的景点都会遇到旅游高峰，游乐设施也会高负荷运转，很多家长都会带着孩子到儿童游乐场玩。这时候，安全问题也就成了最重要的问题。孩子们好奇心重，什么游戏都想玩，为了孩子的安全，就要让他们懂得：只玩适合自己的游戏！

小宝最近一直吵着要玩海盗船，但是这个游戏太危险了，妈妈和爸爸

一直不同意。

　　期中考试前，小宝说："如果我考第一，是不是就可以玩海盗船了？"

　　妈妈看小宝想玩，就说："如果你真的能考第一，我就和你爸带你去！"

　　"哦耶！我一定能考第一！"小宝信心满满。事实也证明，小宝的信心是有道理的，他的确考了第一。即使他的父母不想让孩子玩海盗船，可是在孩子面前要一诺千金，他们谁也不能反悔。

　　妈妈和爸爸商量了一下，决定陪小宝一起玩海盗船。但为了孩子的安全，他们还是提出了自己的要求："玩海盗船可以，但是只能坐中间，同意吗？"

　　"同意，同意！太好了！"

　　在儿童游乐场中，安全带、安全杆尺寸的大小往往都是按身高设置的，有些强烈刺激的项目，对于孩子的年龄和体质都做了严格的要求，带孩子到游乐场游玩，一定要选择安全的游乐项目，杜绝一切危险的游戏。

　　为人父母，要熟悉孩子的身体特征，杜绝孩子在兴奋时做出不安全举动，想想他的能力是不是可以驾驭某些特定设施等。可以先让孩子玩10分钟，家长在旁边观察，如果发现他不适合某些游戏，就要立刻将孩子带离，用其他事情来吸引他的注意。

　　任何游乐场和项目，对于不适龄儿童，都有安全隐患。比如，那些高速运转的设施，体型小的孩子就可能从高空坠落；蹦床虽然很多孩子都喜欢玩，可是在游戏中，年龄小、行动还不算灵活的孩子，随时都有被其他大孩子踩到的危险；小火车等设施看似安全，但也会给好动的孩子留下安全隐患。

　　孩子好奇心重，凡是好玩的设施，都想玩玩。可是，考虑到危险因素，最好让孩子只玩适合自己的游戏。

方法一：与孩子"约法三章"

　　带孩子到游乐场的时候，要给孩子定好规矩，让他们懂得怎样保证自己的安全，按照规则活动。

女儿4岁那年，我带着她去北京欢乐谷玩，刚进门就看到一个小男孩儿哭得一塌糊涂。他一边踢打着身边的中年男子，一边嚷嚷着："我就要坐森林飞车！"中年男子一个劲儿地劝，可孩子就是不听。

"森林飞车？"女儿听了说，问我，"妈，咱们也去坐吧！"结果等我们到那里的时候才知道，森林飞车是适合成人玩的游戏项目，而且坚决不允许1.2米以下的儿童玩。

我给女儿读了入口处张贴的规则简介，女儿听出这个游戏不适合自己，便对我说："这个游戏不适合我们，咱们到其他地方看看吧！"

在游乐场里，有的游戏适合孩子，有的不适合。在去之前，就要跟孩子约定好，哪些游戏能玩，哪些不能玩。提前跟孩子商量好，孩子答应了，就去玩；如果不答应，就不玩。提前做好准备，才不会出现孩子哭闹的现象。

方法二：选择安全的儿童游乐设备

在选择游乐设施的时候，一定要检查器械和设备有没有安全合格证，一定不能让孩子玩那些特别陈旧、电线裸露在外、运转时有异常声响、不正常摇晃的游乐设施。对于孩子来说，只玩适合自己的游戏，才是最安全的！同样，还是去北京欢乐谷，我每次都会带女儿去蚂蚁王国，因为那里很多游戏都是适合孩子们玩的。

让孩子玩不合适他们的游戏，只会给孩子带来灾难。孩子年龄小，对于危险没有感性认识，只要觉得好玩，就想去玩。可是，有些项目确实不适合孩子，家长一定要懂得取舍。

一次，带着孩子去北京十渡玩。这里最著名的游乐设施就是蹦极了。将身体绑缚好，从几十米高空一跃而下，再被弹力拉回，确实惊险刺激。

我们一家三口坐在对岸，一边吃着烧烤，一边看着勇士们从上面腾空而下，再迅速弹起，考验着我们的心理承受力。每次只要看到有人跳下来，岸边都会发出一阵欢呼声。这可能就是蹦极运动的真正魅力所在吧。

这时候,旁边有个桌上的男子对儿子说:"儿子,想不想去玩玩?多刺激!"小男孩儿看起来有10岁左右的样子,一边吃烤串,一边说:"我们老师说过,这类游戏不适合我们小学生玩。"男子不屑地笑笑:"你们老师就是胆小鬼!"

听到这里,我跟老公无奈一笑,怎么能这样说老师呢?而且,这类游戏确实不适合孩子玩啊!可是,这名男子根本就不听儿子的话,拉着孩子走了出去。我以为他们到一边玩去了,没想到,20分钟后,居然在对面的山上看到了他们的身影。男子走在前面,孩子走在后面。

我的注意力被这对父子吸引,40分钟后男子从上面跃下。欢呼声又一次响起。

男孩儿可能有些害怕,居然从上面跑了下来,站在山脚下。这里视野开阔,站在上面可以直接看到父亲。

我笑一笑,多聪明的孩子,既然无法抗争父亲,那么我就躲开吧!

我相信,如果男子脾气暴,免不了会教训孩子一顿。可是,我们没看完就离开了,后面的事情也就不得而知。

这里我想说的是,蹦极之类的游戏根本就不适合孩子玩,如果确实想让孩子玩,就选择一些孩子们能玩的、没有危险的!不管玩什么游戏,安全都要放在第一位!

场景 2：动物园

◎ "妈妈，等等我"——跟紧爸爸妈妈，不乱跑

在动物园里，安全也是一项很重要的原则。为了不走丢，要让孩子跟紧大人；为了不让动物伤害到孩子，就要明令禁止孩子的某些行为。

囡囡从一岁半开始就经常跟着大人一起去动物园了，为了让孩子更好地认识动物，他们至少一个月去一次。每次看到动物们，囡囡都特别兴奋。

这一天，他们打算去看看长颈鹿。可是，在中途看到了猴子，囡囡非要去摸，妈妈不同意了，就说："我们要去看长颈鹿了，否则一会儿长颈鹿休息了，怎么办？"

妈妈说着，继续往前走。囡囡看到妈妈走了，立刻追了上来，喊道："妈妈，等等我！"

年龄小的孩子对一些小动物有着与生俱来的亲切感，当父母带他们去动物园的时候，他们总会东瞅瞅、西看看。有的孩子发现爸爸妈妈不愿意陪自己去看，在强烈好奇心的驱使下，他们很可能挣脱父母的手，自己跑过去。在这里我想

对父母们说，既然带孩子到动物园玩，如果孩子特别想看，拉你去，你为什么不陪着呢？千万不能让孩子一个人这儿跑那儿跑，否则很容易被人群冲散，出现孩子走丢的情况。

当然，如果带孩子去玩，出发前就要提醒他们：不要随便乱跑，跟紧爸爸妈妈！

尤其是年纪小的孩子，缺乏自我保护能力，所以父母更不能让他们自己在动物园乱跑，一定要做好全程陪护。如果到了危险区域，更要注意看护好孩子。近年来，新闻报道的多起野生动物园猛兽伤人事件，难道不是给了我们血淋淋的教训吗？

方法一：孩子想干什么要跟父母说一声

节假日的时候，动物园里的游客会非常多。这时候，如果你想带孩子去动物园，就一定要告诉他们：不管想看什么动物，都要先跟父母说一声，不能不打招呼自己去看。

去年端午节，我跟老公带女儿去动物园玩。走到大象园区的时候，一位中年妇女突然扒拉着人群走进来，还一边焦急地喊："朵朵，朵朵，你在哪儿呢？！"周围的人面面相觑，应该都在猜疑，是不是她的孩子丢了？不经意间，我也紧紧地攥住了女儿的手。

看着中年妇女焦急万分、泪盈满眶的样子，其他游客纷纷给她出主意："去广播台让他们帮忙广播一下，没准能找到呢。""别太担心了，动物园有摄像头，让工作人员帮着调一下，或许能找到孩子。快去吧！"

中年妇女立刻反应过来，连忙去找工作人员。5分钟后，公园的广播台传出了寻找朵朵的声音，包括朵朵的相貌、衣着等特征。很快，孩子就被找到了。

后来，我们在一个凉亭休息的时候，正好遇到这对母女。我跟中年妇女聊了两句，然后问孩子："你叫朵朵，是吗？那会儿你跑到哪儿去了，害你妈妈这么担心？"

女孩儿说:"我想趁妈妈排队买水的时候去看一眼对面的小猴子。"

"哦,那你怎么不跟妈妈说,让她带你去呢?"

"我跟妈妈说了,可是她说要等一会儿,我怕一会儿小猴子跑回洞里,看不到了。"

"朵朵是个善良的姑娘,可是,因为你没有跟妈妈说,让妈妈陪着,结果走散了,你找不到妈妈,妈妈也找不到你,多让人担心啊,是不是?下次可千万不能这样了呀。"

朵朵抿着嘴,扭头看了一眼妈妈,点了点头,然后被妈妈一把抱进怀里。

动物园属于大型公共场所,游客、工作人员、售货员、清洁工等人很多,一般我们很难分清其中是不是掺杂着居心叵测的人,如果因为疏忽让孩子脱离了我们的视线,无异于将孩子置入危险境地。因此,带孩子出去游玩,一定履行好监护人的职责,保证孩子的安全,让他们有事要跟父母商量。

方法二:父母把主要精力放在看护孩子上

社会上的人鱼龙混杂,坏人的脸上也不可能刻着"我是坏人"的字样,因此,带孩子出门游玩,父母应该把主要精力用在看护孩子上,绝对不能自己在一边玩手机或者跟别人聊天,放任孩子不管。

在朋友圈里,我看到过这样一段公益视频:

一位年轻妈妈带着自己的小女儿在公园里游玩,碰巧遇到了自己多年不见的同学。两人见面分外激动,她只顾着聊天,全然忘了孩子。等她想起来的时候,孩子已经不见了。

原来,小女孩儿看妈妈只顾着跟别人说话,不理自己,看到旁边的草地上有蝴蝶,就跑过去追,没想到越追越远。这时候,不远处走过来一个男子,抱起小女孩儿就快速跑进了不远处停放的面包车里。

小女孩儿的妈妈和同学一起寻找,问了很多人,可是人们都说没看到……

看到这个视频的时候，我心头为之一震，对于拐卖儿童的犯罪分子，他们根本不会顾及是白天还是晚上，只要有机会，就会下手。对于孩子来说，无论他们怎么抵抗，也敌不过心生歹念的坏人。所以，只要带孩子去公园、动物园等人多的地方，父母就要提高警惕，不能让孩子离开自己的视线。

对于孩子丢失的情况，归根结底在于父母忽视了对孩子的监护。因此，为了杜绝这类事情的发生，父母不能仅仅只是叮嘱孩子"不跟陌生人说话""别和陌生人走"，等等，带孩子出门时，自己也要把主要精力用来看护他们，毕竟他们警惕性再高，都只不过是没有自保能力的孩子，关键时刻还是要靠父母的用心守护才能保证自身安全。

◎ "我想下车看老虎"——面对凶猛动物，采取安全措施

野生动物园的老虎、狮子、熊等，根本不会像动画片里的那样，会跟陌生的你友好相处。现实生活中的它们，野性难驯，为此野生动物园的工作人员除了在各处挂警醒标识牌外，还会通过广播再三警告各位游客，在参观野生动物区的时候，一定要遵守园区的规定。尤其是平时比较任性的孩子，进了野生动物园，父母一定要看管好他们，千万不能让他们由着自己的性子来，否则很容易引发难以想象的后果。

2016年7月，一则猛虎伤人事件再次引发了众多人的关注：

7月23日下午，几名游客自驾进入北京八达岭野生动物园，一名女性中途下车，被身后一只老虎拖走。随后，同车的两人追上去，也被老虎攻击，最终造成一死一伤。据了解，当事游客签订过相关责任书，其中一条明确

规定：自驾入园要锁好车的门窗，严禁下车。

野生动物园，顾名思义，不同于普通的动物园，它更强调了饲养的动物的散养性和野性。因此，进入野生动物园区，如果不严格遵守园区的规定，私自跟动物接触，最终只会成为老虎、狮子、豹……眼中的美味。

由此也说明，规则意识是一种界限意识，体现出来的就是公共秩序的权威和价值。简单地说，就是每个人关于自身"可以做什么"和"不能做什么"的区分和觉醒。

如果孩子想在动物园看自己感兴趣的动物，父母都要叮嘱他们：不让动的，千万别动；不让跨越的，千万别跨越。

方法一：提高警惕，不主动招惹小动物

有时候，为了让孩子亲近自然、认识更多的动物，父母会带孩子去公园、动物园等地方，甚至将自己带的零食给孩子，让他们喂一些小动物。尤其是一些被圈养的凶猛动物，一旦惹恼了它们，它们就会发动攻击。所以，为了确保安全，游园过程中父母一定要全程陪同，不要靠近类似狮虎山这样的危险园区，更不能随意投食、挑逗小动物。

有一则新闻报道，说的是2013年12月一天下午，一个小女孩儿跟着爸爸、妈妈和爷爷到贵州安顺动物园游玩。到了猴子园区，小女孩儿拿花生喂猴子。结果，在小女孩儿将手中的花生喂给一只猴子时，猴子突然伸出自己的爪子，胡乱地抓住了女孩儿的头发。女孩儿挣脱不了，硬生生被猴子咬去了右手食指。

相信看到这则新闻的人，都会做些点评，或许有些父母还会质疑：猴子也能伤人？当然，大家更多的是替小女孩儿感到惋惜。

即使是人工圈养的动物，野性依然存在，并没有完全被驯服，所以当它们看到一只鲜嫩的小手伸向它们的嘴边，怎么能禁得住诱惑呢？在此也敬告各位父母，千万不要心存侥幸，毕竟万一当中还有个"一"呢，一旦这个"一"落

到自己身上，真的是后悔都来不及了。

因此，下次再带孩子去动物园的时候，告诫他们：不要招惹动物，想看就保持一定的安全距离，不要靠得太近。

方法二：禁止孩子攀爬围栏

为了保证游客的安全，动物园的管理员会在一些相对凶猛的动物园区贴出众多安全警示标语，其中"禁止攀爬"是比较常见的。它就是要提醒游客，无论是大人还是孩子，都不要攀爬围栏，一旦失足跌落到园区里边，后果将不堪设想。

一次，我跟老公带女儿到动物园，走到孔雀园区，正好赶上孔雀开屏。一听到有孩子喊"孔雀开屏啦"，大人纷纷带着孩子走过来。有的父母为了让自己的孩子看得更真切，索性直接将孩子放到围栏上，让他们扒着围栏朝里看。

女儿个子矮，被前边的人挡着，看不清，于是也想让我老公这样做，可是我没同意。最后，老公让女儿坐在了他的肩膀上。孔雀开屏结束，人们陆续离开。一个小姑娘被妈妈从上面抱下来的时候，不小心被围栏上的铁丝勾到了裙子。她妈妈一看，顿时皱眉，把她放下后开始凶她："不让你上，你非上！这下好了吧，新买的裙子，还没怎么穿就被铁丝勾烂了！"小姑娘站在那儿，听了妈妈的训斥，委屈地抹眼泪。

在我看来，这位妈妈有些迁怒了，难道孩子不是你抱上去的？你有什么理由去怪孩子呢？如果你坚持不把孩子抱到围栏上，她的裙子又怎么会被铁丝勾烂呢？

而且，我觉得这位妈妈还应该庆幸，现在只是撕烂了孩子的衣服，如果孩子从围栏的缝隙朝里面看的时候被它们伤了眼睛，难道不是会后悔莫及吗？

父母既然想让自己和孩子都玩得高兴，就要严格遵守动物园的规矩，不能想干什么就干什么，现在忽视规矩，有可能过一会儿就为此付出惨重的代价。

场景 3：电影院

◎ "小声点"——悄声说话，不喧哗

近几年，儿童电影特别受欢迎，尤其是动画电影上映时，电影院简直成了小朋友的专场。在电影院看电影期间，孩子们应该遵守看电影的规矩。其中，最重要的一条就是：看电影时不能大声喧哗，影响别人，如果有事，尽量附耳交谈。

2016年5月，电影院新上映了一部3D巨幕儿童电影《愤怒的小鸟》，为了给女儿庆祝六一儿童节，我和老公带她去看，电影时长111分钟。放映前，我在影厅里看到十几个三四岁的孩子。

电影播放到15分钟的时候，先是一两个孩子开始摸着黑在大厅里来回跑，渐渐地，越来越多的孩子参与其中。没过一会儿，传来一个孩子清脆的哭声，估计是上下台阶的时候摔倒了，摔疼了。同时，其他的孩子依然在跑闹、大声嚷。

当时，我不知道别的观众是什么心情，反正我是挺窝火的，特别想说说他们的父母。

其实，在电影院大声喧哗是件很让人反感的事。大家到电影院看电影本来是为了享受，孩子们这么一哭闹，反倒成了一件影响心情的事。而且孩子在电

影院大声哭闹、喧哗，真的有些让人无法忍受。也许你会说："他们只不过还是个孩子，可以理解。"这种观点绑架了不少人的思想，但我们不能因此成为无原则原谅孩子的强劲借口。

当然，我并不是说不能将年龄小一些的孩子带去电影院看电影，可是，既然父母选择带孩子来，就要提前跟他们定好规矩，让他们在看电影期间保持安静，如果做不到，就应该及时带他们离开，不能为了自己而不顾别人的感受。

方法一：提前给孩子说好"看电影要保持安静"

一次，老公带女儿去朋友家玩，我跟一位同事相约去看电影。那天，下午场的人很多，几个大人带着三四个孩子进场。一开始，孩子还坐得住，只不过一直叽叽喳喳地说个不停，最后干脆跑到屏幕前面玩去了。我清楚地记得，当时我们看的是《复仇者联盟》，不是儿童电影，所以对孩子来说，他们或许根本看不懂。

电影放映到后半场，几个小黑影总在银幕前动来动去，而且除了电影的声音，我们的耳边也充斥着孩子们说笑、打闹声。当时我听到我周围的几个人议论这几个孩子，大意就是他们的父母怎么不管管，真是没有教养之类的话。

说实话，我也不理解为什么他们的父母不去管教他们，让他们遵守电影院的规则。反正如果换成是我的话，我的女儿有这种行为，我肯定是无法容忍的。

带孩子去看电影，一定要让孩子保证：电影播放期间绝对不能乱跑乱跳、大声说话、乱踢前座的椅子等。只要孩子能够做到，就带他去；如果发现孩子没有按照保证的要求做，可以先提出警告，怎么说都不听的情况下，干脆立刻带他们走。

我记得女儿第一次要求我带她去看电影的时候，我虽然答应了，但要她按照我说的去做，只有做到了，我才会带她去。第一天，我要求她能够安静地看书，时间至少半个小时，结果她一直持续地安静看书45分钟；第二天，我要求她把看书时间延长到1个小时……就这样，持续锻炼了一周，女儿才能够静下来看书一个半小时，我觉得可以了，于是带她去看她喜欢的电影，并事先告诉她看电影期间必须保持安静，渴了、饿了或者想上厕所，一定要小声告诉我。而且令我欣慰的是，女儿看电影的时候果真没有出现影响他人、令人反感的行为。

方法二：不要在放映厅对孩子发脾气

如果孩子在电影播放期间捣乱，父母不要在放映厅对孩子发脾气，因为你的斥责会引起孩子的抵抗行为，而这可能影响别人。你需要做的是：第一，冷静，带着孩子快速离开放映厅；第二，指出孩子的不足，或者自己的过失，跟孩子一块反省，同时要关注并处理好孩子的情绪。

2015年春节期间，我跟朋友一起带着孩子去看《熊出没》。我们的座位在横排的中间位置，女儿和朋友的儿子挨着坐，我跟朋友则坐在他们的边上。

电影播放没多久，朋友给我发了条短信，说她儿子饿了，想吃东西，让我帮忙看一下，她出去买点吃的。过了大概十分钟，朋友捧着一大桶爆米花和两杯橙汁回来了，让两个孩子边看边吃。结果，朋友的儿子说他不喜欢喝橙汁，想喝可乐，让朋友一定给他买回来。朋友照做。又过了一会儿，朋友的儿子要去厕所，朋友又只好带他去。回来之后，朋友的儿子又要求给他买什么，朋友一时觉得进进出出可能会影响别人，于是没同意。结果她儿子不干了，哼哼唧唧地。朋友一时没忍住，打了儿子一巴掌，孩子顿时觉得委屈，哭了起来。

朋友拉着儿子出去，我赶紧示意女儿跟过去看看。出了放映厅，朋友对儿子吼道："以后别想让我再带你来了！一会儿要这，一会儿要那……烦死了！"

我赶紧劝朋友："他是有错，可你打他，你也不占理。"

……

孩子考虑事情不周全，看电影的过程中频繁提出一些要求很正常。父母如果不分场合、控制不住自己的脾气，让自己冷静下来，当着众多人的面训斥、打孩子，也是不对的。

没有教不好的孩子，只有不会教的父母：
这样定规矩，孩子不会抵触

◎ "哎呀，谁踩我脚了"——散场后有秩序离开，不逗留

很多人觉得在电视或电脑上看电影没有在现场看效果好，于是会选择带着孩子一起去电影院看。这里重点要说的，不是遵守看电影过程中的规则，而是电影放映完之后，父母一定要看护好孩子有秩序离场，如果散场后乱作一团，很容易发生意想不到的事。

周末，皮皮跟爸爸妈妈一起去看最新上映的动画片，电影院的 3D 效果真不错，大家看得很开心，只是在散场的时候发生了一个小插曲。

"哎呀，谁踩我脚了？"皮皮下台阶的时候蹦蹦跳跳，不小心踩到旁边一个女孩儿的脚。

"对不起，我不是故意的。"皮皮跟她道歉。

"这是我新买的！"女孩儿白了皮皮一眼，满脸的不开心。

皮皮的爸爸赶紧拉过皮皮，对女孩儿说："小姑娘，你这鞋真好看，我儿子淘气，给你踩脏了，真是对不起。这样吧，这鞋多少钱，我们赔你。"

女孩儿的妈妈倒是个明事理的人，认为这并不是多大的事，连忙对皮皮的爸爸说："没事，都是孩子，踩一下没什么的，你们走吧。"说完，她扭头一边对女儿说着什么，一边拉着她离开了。

电影散场的时候，碰撞、踩脚难免发生，如果遇到的是胡搅蛮缠、不讲道理的人，就可能引发一场冲突。

尽管电影院明文规定，保持放映厅内的安静、整洁，散场后听从工作人员的

指挥,但还是有不少人做不到,更别说孩子了。如果在电影院散场后觉得人多,此时离开可能会跟别人挤来挤去,不妨晚走一下,或者礼让一下,让着急的人先走。

方法一:跟前边的人保持一定的距离

一次,我跟同事小张聊天,她大发感慨:"以后我都不敢带孩子去看电影了。"

我问他怎么了,他说:"我的一个邻居,前几天带孩子去附近的一家电影院看电影,结果散场时发生混乱,孩子被别人碰倒了,被周围的人给踩了。"

"是吗,现在孩子没事了吧?"

"倒是没有生命危险,不过孩子被吓到了。"

"离场的时候,怎么不注意一点儿,跟前边的人保持距离呢?"

"好像是前面有人掉了东西,没知会一声,弯腰去捡,后面人也没注意,被绊倒了。我邻居的孩子不知道被谁碰了一下,也摔倒了。人们光顾着离场,都没注意,就给踩上去了……"

朋友继续聊着这次踩踏事件,而我则陷入了沉思。脑海中甚至出现了孩子被踩的场景,以及孩子恐惧的心理……直到朋友叫我,我才回过神。

确实,电影一散场,尤其是看完电影时间比较晚的时候,不少人急着回家,恨不得立刻飞出放映厅,以至于会发生拥挤、碰撞。但是,就算再心急,也要注意安全,跟前边的人保持适当的距离。尤其是父母带孩子看电影,离场的时候一定不要急着带着孩子在人群中挤来挤去的,为了保障孩子的安全,要跟前边的人保持一步左右的安全距离。

方法二:散场后不要着急,有秩序离开

离场的时候,一定不能急躁。既然不赶时间,干吗要跟大家一起挤来挤去?效率慢,还影响心情。稳步而行,还能看看字幕,一部电影的拍摄不仅有导演和演员,幕后英雄也值得我们记住,他们可是各影片必不可少的无冕之王。

在我的记忆中,有这样一位父亲,他是我在带着女儿看电影的时候遇到的。

那次由于去的时间早了些，我和女儿只好坐在外面等着。我给女儿买了杯饮料，女儿用吸管慢慢地喝。这时，父子俩走过来，正好坐在我们旁边。

由于距离很近，所以他们的谈话我完全听得清。

父亲：进去的时候，安静点，要不影响到别人。

儿子：知道！

父亲：如果想上厕所了，就跟我说，我带你去，不要自己去。

儿子：知道了！

父亲：散场的时候，走慢点，别着急。只要跟着我走就行了。

儿子又点点头。

……

这是一个多么体贴的父亲！如果在看电影之前，每位家长都能跟孩子进行一番这样的交流，提醒他们一下，相信一定会降低危险发生的概率。

场景 4：火车

◎ "好舒服啊"——乘火车要坐好，不能东倒西歪

出门在外，孩子的安全是每位家长十分关心的问题，尤其是交通安全，稍稍不注意，就会发生意外，所以父母要细心排除隐患，做好安全防护措施。

孩子第一次坐火车时，一般都会感到很新鲜，不停地看来看去，不管看到什么，都会觉得异常好奇。贝贝同样如此。因为乘坐火车的时间只有两个多小时，所以妈妈买的硬座。上车后，找到自己的座位——挨着过道，贝贝躺在座位上，美滋滋地说："好舒服啊！"

妈妈看到，忙说："贝贝，赶紧坐好，把腿收回来，火车马上要开了，等会儿售货员推车过来别碰了你。"

"行吧。"

安静了没多久，贝贝又开始不老实了，爬上跳下、东倒西歪。结果一不留神，头撞在了恰好经过的售货小推车上。幸好售货员发现及时，赶紧停下了。大概没有碰疼，贝贝并没有哭。

妈妈把贝贝拉起来，再次让他坐好，并生气道："跟你好好说你不听，

看看，被碰了吧？"

乘坐火车时，有些规矩也是需要我们遵守的。案例中，调皮的贝贝不听妈妈的话，结果被推车碰了头。虽然没有碰疼，但毕竟被撞了一下，如果贝贝能规规矩矩地坐好，又怎么会发生这种事呢？

一般情况下，如果出远门，乘坐火车是首选。因为相比之下，乘坐火车利大于弊，比如票价经济实惠、发车时间一般比校准、安全系数相对比较高，并且有一定的活动空间，还配备热水、餐饮、厕所等。当然，任何事情都是两方面的，火车也存在一定的问题——每到节假日，乘坐火车的人就特别多，火车票不仅难买到，有时候就算买到站票上了车也没地方下脚。

如果选择带孩子乘火车出门，父母一定要考虑这些，尽量避开出行高峰时间，提前一天或者延后一天。

方法一：尽量购买卧铺票

如果需要带孩子长途旅行，或者逢年过节带孩子回老家，坐硬座都不太合适，一是路远，二是人多拥挤，无论大人还是孩子，都得不到很好的休息。所以，遇到这两种情况时，条件允许的话，买卧铺票是最佳的选择。

我大学同学周强是河北石家庄人，毕业后留在北京奋斗，之后在北京买房、结婚生子。开始的几年，生活条件一般，但据他说，每次过年回家，他都尽量买下层的卧铺票，有时候实在买不到，上车后会跟乘务员协商换下铺票，或者如果哪位独自乘车的下铺乘客愿意，跟他说说，临时调换一下。

家里老人知道后，觉得周强还房贷、生活开销，以及将来孩子上学，哪哪都需要钱，埋怨他不应该花那么多冤枉钱买卧铺票，凑合凑合坐个硬座就行。但周强有自己的理由：过节乘车的人多，卧铺方便，对孩子来说也相对安全。

对于周强的做法，我是非常赞同的。如果只是单纯的大人乘车，距离近、时间短，买硬座未尝不可，可是带孩子就不一样了。

实际生活中，带孩子乘车时，他们不一定会自己安安静静地坐着，有时会选择坐在父母腿上，或者孩子困了，让大人抱着睡，不管怎样，时间一长，大人、孩子都会不舒服。因此，选择卧铺，一方面空间相对宽敞，给孩子留足了活动空间，另一方面，孩子想坐了就坐、想躺了就躺、想睡了就睡，大人也能省不少心。

所以说，如果生活上不是特别拮据，带孩子乘火车时，能买卧铺票就买卧铺票。虽然多花了一点儿钱，但是能更加保证孩子的安全、换取父母更多的省心，何乐而不为呢？

方法二：孩子上厕所，父母要陪同

孩子小，上厕所相对频繁一些，再加上有些孩子在车上不停地吃喝，上厕所的次数就更多了。孩子提出上厕所的要求时，为了安全起见，父母不要认为距离厕所没几步就让孩子自己去，最好陪他们一起去，因为，一则行驶中的火车比较颠簸，年龄小的孩子平衡力不强，防止他们受伤；二则防止孩子上厕所来去途中遇到突发情况，比如火车进站，有人趁机抱孩子下车。

我就遇到过这样一件事。

那时我还在上大学，有一次放长假回家，我跟同学一起搭伴乘火车回家。一路上，我们有说有笑。没想到，突然听到有人说，谁的孩子找不到了，请列车长帮忙广播一下，希望大家能提供线索，找到孩子。当时火车上的人太多了，挤来挤去，找人根本不是一件容易的事。好在热心人比较多，有人在厕所找到了这个孩子。原来孩子上厕所时，有位农民工大叔把自己的大行李包放在厕所门口，还把肩上背着的一个沉重的工具箱挂在了厕所门外边的把手上，孩子上完厕所打算出来的时候，由于劲小，怎么也打不开门。车厢里当时非常嘈杂，孩子敲门、在厕所里喊，外边根本听不清。

有的父母认为火车空间小，孩子不会出现任何意外，这种想法绝对是错误的。无论孩子在哪儿活动，都要保证在父母的视线范围内。

没有教不好的孩子，只有不会教的父母：
这样定规矩，孩子不会抵触

◎ "别说了"——休息时保持安静

坐长途火车，中午或晚上，乘客们会不约而同选择某一时间点休息。这时候，就需要彼此理解，保持安静。如果带着孩子，一定要提醒他们，该休息时要休息，不要有出格的言行打扰到别人。

有一次我带女儿坐火车去青岛玩，同车厢的一位女士也带着一个女孩儿，看样子没我女儿大。或许小女孩儿不舒服，从坐上火车就开始皱着眉头，一副痛苦的样子，时不时还哼哼几声。

看到车厢里的人把目光投向她，女人感到有些尴尬。

有人问她："孩子怎么了？"

"我们刚坐公交过来，孩子晕车，还没缓过来。"女人将小女孩儿抱在怀里，渐渐睡去。

午餐时间到了，乘务员推着餐车过来，清脆的叫卖声将人们的视线吸引过去。孩子被惊醒，开始哭，怎么劝都不行。了解情况的人都选择了体谅，不知情的人难免抱怨几句。

试想，如果不是孩子晕车不舒服，她的哭闹很有可能会引起大家的反感，甚至会惹来一番口角。毕竟谁都不希望自己在休息时被别人莫名地打扰。

事实证明，无论乘坐什么样的火车，只要有孩子在，整节车厢基本上就安静不下来：1～3岁的孩子会因为自己的要求得不到满足而哭闹，3岁以上的孩子会在车厢里跑来跑去……要知道，父母对孩子的放任，不仅会让他们受伤，还容易引起其他乘客的反感。因此，教导孩子，乘车期间，大家都休息时，一定不能吵闹，要保持安静。

方法一：乘车时跟大家保持节奏一致

从北京到长沙的一列普通列车上，中午1点左右，乘客渐渐开始了午休。这时候，一个小男孩儿忽然大声嚷了一句："妈妈，我饿了！"

中年妇女让孩子小声一点儿，可他不听："我要吃方便面，再加一根肠！"

本来乘车睡觉就睡不踏实，小男孩儿这么一嚷嚷，有人就觉得有些不耐烦了。

"妈妈你快点给我泡啊！"男孩儿又吼出一句。

中年妇女抱怨道："那会儿我让你吃，你不吃，现在又嚷嚷。"一边说，她一边站起来，走了出去。很快，热气腾腾的一桶方便面被端了过来。

"好烫！"孩子显然是被烫着了。

"你傻呀，不知道吹吹。"中年妇女说。

之后，传出男孩儿呼呼吹气的声音。紧接着，就是一阵吸溜儿和吧唧嘴的声音。周围的人有的叹气，有的翻个身面对车体，有的干脆戴上耳机……

乘坐火车的时候，如果是你，遇到这样的事情会怎么做？相信多数人都会说，互相理解吧，出门在外都不容易。可有些人肯定也会说：我理解他，谁来理解我啊？本来挺累的，想休息一会儿，听到孩子的哭闹，我更心烦了。

换位思考一下，我非常能理解他们的感受。吃饭时间，别人都在吃，父母却放任孩子玩，等大家吃过饭想休息了，孩子却在一边吵闹着要吃饭。

带着孩子一起乘坐火车，要提前做好准备，提前给孩子准备好三餐就是其中的一项重要内容。在上火车之前，就应当和孩子说清楚，火车上不要大声喧哗，要保持安静。到了中午，提前让孩子吃饱、喝好，之后哄孩子睡觉。

方法二：给孩子带几本有趣的书

为了打发旅途的无聊，很多人都会带本书或者带好手机和移动电源，听音乐、玩游戏、看书。同样，在孩子乘坐火车时候，如果想让孩子安静下来，就带些他们喜欢的图书或玩具，让他们有事可干，孩子就不会到处乱窜了。

　　孩子们总有用不完的精力，尤其是在令他们感到新奇的火车上。别人睡午觉，孩子大声喧哗会影响到别人，这是非常不礼貌的行为。为了缓解打发孩子们无聊的时间，可以给他们带几本有趣的书。当孩子注意力集中在书上时，就会专心致志，不会说话影响别人了。

　　或者，给孩子带着他喜欢的小玩具。换个环境，孩子在午休的时候可能会睡不着，带着他喜欢的玩具，可以增加孩子熟悉感，减少焦虑感。

场景 5：飞机

◎ "阿姨，请你帮我……"——尊重空乘人员

空乘跟所有的行业一样平凡，在飞机上，他们需要保护客舱安全、要为乘客提供客舱服务。在众人眼中，他们是飞机上的一道亮丽的"风景线"，但是他们的工作也有酸甜苦辣。因此，乘坐飞机的时候，要对空乘人员表现出应有的尊重。

2016年8月，小明跟着爸爸妈妈乘坐飞机去东南亚旅行。这是小明生平第一次坐飞机，看什么都觉得新鲜。看着飞机起飞、看着窗外的云、看着飞机下的万家灯火，小明觉得，一切都很不可思议。

过了一会儿，觉得飞机外面的风景不新鲜了，他又将注意力转移到飞机内部。

"阿姨，给我杯水喝。"

"阿姨，带我上一下厕所。"

"阿姨，你帮我把安全带调一下吧。"

……

面对小明的各种问题，空姐面带微笑，耐心地为他提供了服务。

后来，妈妈摸了摸儿子的头，对他说："阿姨她们很辛苦的，为了维护客舱安全，她们月月考试、年年考核，每两年还要进行一次灭火、急救、跳水、撤离等真实演练。除此之外，还要学习红酒、茶艺、中西餐文化等各种知识及服务技巧。所以，你要懂得体谅她们，不要总是这样麻烦她们，好吗？"

"哦。"小明听了妈妈的话，点点头。

从故事中，我们完全能看得出来，在小明的潜意识中，空乘人员无异于餐厅的服务员，于是有一点事就会找他们。

对空乘这个行业有所了解的人知道，他们在飞机上为乘客提供服务，整天在天上飞来飞去、脚不沾地，平时还要抓紧时间学习，熟悉业务，应对各种测验，可想而知，他们也很辛苦。所以，乘坐飞机的时候，不要有事没事就麻烦空乘，或者因为一些鸡毛蒜皮的小事就冲他们发脾气。尤其是乘坐国际航班的时候，你在飞机上的一言一行，不仅能体现个人素养、父母的教育，还代表着国人的形象。

方法一：不要对空乘呼来喝去

空乘，是一种职业，虽然是服务行业，但并不是为你一个人提供服务的。对空乘呼来喝去，只能显出你的素质低。对别人呼来喝去是一种特别不礼貌的行为，还会让人在背后嘲笑你没有家教。

一次，乘坐飞机去海南。

飞机缓缓升起，很快进入平飞阶段。这时候，一个人忽然嚷嚷说："空姐，我儿子要喝水！"

一名空姐听到声音，走出来，问孩子想喝什么？孩子说，他想喝白开水。空姐立刻给孩子端来一杯白开水。

空姐刚离开，又一声传来，这次还是那小孩儿："我想喝雪碧！"

那位空姐再次出现，手里多了一杯雪碧。

空姐刚刚转身，男孩儿又喊："等……"可是，他的话还没喊出来，旁边就有人提醒中年人："小声点！"

可是，中年人不听，将眼睛瞪得大大的："管什么闲事！"

看到这则故事的时候，我心中也是一阵气愤。怎么会跟别人没关系？在你对空姐大声喊叫的时候，周围的人都会接收到你的讯息。飞机上本来就有噪音，人们都希望安静一些，你的大喊大叫，会让声音显得更加刺耳。

上了飞机后，如果你确实不懂，或者想教育孩子，就让孩子看看别人是怎么做的吧。

方法二：摘掉有色眼镜，平等地交谈

中国是礼仪之邦，职业没有贵贱高低，人与人之间也都是平等的，彼此要站在平等的位置交谈，真心实意尊重对方。俗话说："天外有天，人外有人。"你又有什么可供大家瞻仰的优越感要秀呢？

三百六十行，行行出状元。教育孩子时，要求他们：不能因为对方有权有势就去攀附，对方是清洁工就看低、嫌弃。只有发自内心地懂得尊重，才能得到别人的欢迎，并在你遇到问题的时候提出一些解决问题的意见；不尊重别人，树敌太多，别人又怎么会愿意指点你、帮助你呢？

当然，真正懂得尊重别人的品德不是与生俱来的，是后天父母教育和引导的结果，只要父母用心培养、严格要求，你的孩子一定能做到尊重别人，并受到别人的尊重。

有一次，我们一家三口报了一个旅游团，乘飞机去香港，在飞机上我们认识了一个小绅士。当时他只有11岁，跟他爸爸挨着我老公坐。

老公跟男孩儿的爸爸一番交谈后，得知男孩儿的爸爸是个商人，业务遍及世界各地。为了让孩子增长见识，在孩子很小的时候，只要出差，都会让母子俩随行，孩子渐渐长大后，就单独带他出门了。每次临行前，父亲都会给他提出一些要求：

没有教不好的孩子，只有不会教的父母：
这样定规矩，孩子不会抵触

坐飞机要尊重空乘人员，跟别人交谈要有礼貌，不卑不亢，自己能做的事尽量不去麻烦别人……在爸爸的引导下，年仅11岁的他如今言行举止俨然一副绅士做派。

我跟这个男孩儿交谈了几句，发现他待人彬彬有礼，一点儿也没有"富二代"常有的那种骄纵。对此，我相信，未来的他一定能够取得骄人的成功。

◎ "我要两份餐"——能吃多少点多少

剩饭，在飞机上见怪不怪。有些人经常会多点几份餐，但只吃一两口就放在那里。这是一种严重的浪费，还能体现出这个人的教养。即使是孩子，也要遵从这一原则——能吃多少点多少。

　　柔柔今年10岁，跟着父母已经坐过好几次飞机，对飞机也比较熟悉。这次父母带她去美国，她很兴奋。

　　午饭时间到了，柔柔看午餐有汉堡，就对空乘说："我要两份餐。"空乘给她了她两份，可她只吃了里面的汉堡，其他的食物一点都没动。

　　妈妈看到她这么浪费食物，对她说："下次能吃多少点多少。不能为了爱吃的点两份，其他的东西都不吃了。妈妈是这样教你的吗？"

　　柔柔看妈妈有些生气的样子，弱弱地说："妈妈别生气了，我以后再也不这样了。"

柔柔想多吃一个汉堡，就点了两份套餐，这样很容易造成浪费。飞机餐是民航飞机在航程中给乘客准备的餐饮，飞机餐的菜单是航空公司制订，并由指定的航空食品公司供应。这些机构一般都在机场附近，餐饮做好后会直接送到飞机上；在飞机进入平飞的时候，再由乘务员分发给乘客。

不同等级舱位的餐食，在菜式、分量和成本上，都有分别。比如，头等舱和商务舱的餐食，都会模仿高级餐厅。但即便如此，跟真正的餐厅也会有区别。食物的味道，自然无法达到乘客的期望。而且，飞机上的食物有限，起飞前要教育孩子杜绝浪费。

方法一：提前问好儿童餐内容，不合孩子胃口不要点

我们小区吴婶家的女儿大学毕业后进入了一家航空公司，成为了一名空姐。吴婶的女儿长得漂亮，气质绝佳。没有飞行任务的时候，她就会在家陪陪吴婶。当然，也会跟吴婶分享一些自己在飞机上遇到的事。

去年夏天的傍晚，大家吃过晚饭在单元楼旁边的空地上聊天，说起浪费饭菜的话题，吴婶给大家讲了她女儿在飞机上遇到的一件事：

那次是吴婶的女儿当班，一个男孩儿点了两份餐，可能是东西不合胃口，到最后两份餐几乎都没动。而且，男孩儿的爸爸也没有帮孩子解决掉它们的意思。最后，好说歹说，男孩儿在每份餐里用叉子都挖了一小口吃，剩下的全扔了。

吴婶说，现在的孩子生活条件好了，不懂得节约。我很赞同吴婶的观点。

对于吴婶说起的这件事，我认为问题的关键还在孩子的父亲身上。在孩子点两份餐的时候，他应该心知肚明，明白孩子吃不了，却不加以阻止。虽然我们现在已经不用再为能吃一顿饱饭而发愁了，可该节约的时候要懂得节约。孩子从小养成了浪费的习惯，那么将来的生活势必令人担忧。

方法二：登机前给孩子备下一些他们爱吃的东西

到现在为止，我一共带女儿坐过三次飞机，一次是去成都，一次是去海南，还有一次是去香港。

第一次带女儿乘坐飞机的时候，女儿说饿了，但由于那个时间段没有赶上饭点，所以飞机上没有准备任何食物，于是我就把登机前给女儿买的一些

零食拿出来给她吃，这才解了燃眉之急。自从有了第一次的教训，后来再带女儿坐飞机的时候，我都会在登机前带她去超市买一些她喜欢吃的东西，以防不时之需。

有的时候，如果乘坐飞机赶上了饭点，乘务员会提前在飞机上备下食物，如果乘客需要，就会提供给他们。这里要说明的是，有的飞机会单独准备儿童餐，而且不同航空公司准备的儿童餐不一样，如果孩子有忌口的，可能还不能吃飞机上的儿童餐。因此，如果你乘坐的飞机上有儿童餐，一定要提前问好乘务员儿童餐是什么，是否适合自己的孩子，如果孩子不喜欢，就不要点，一方面避免浪费，另一方面，可以提供给其他的饭量大的小乘客。

所以，在此建议各位父母，如果带孩子乘坐飞机，不妨登机前先带他们去吃点东西，或者给他们备下一些爱吃的零食，防止飞行途中孩子饿肚子。

本章小结

★ 孩子懵懂无知，进入幼儿园，从上课混乱无秩序、吃饭到处乱跑、做操玩游戏叽叽喳喳，逐渐学会了有秩序地吃饭、遵守游戏规则、上课举手回答问题……由此可见，任何坏习惯都是可以改正的。

★ 如果带孩子去玩，出发前就要提醒他们：不要随便乱跑，跟紧爸爸妈妈！尤其是年纪小的孩子，缺乏自我保护能力，所以父母更不能让他们自己乱跑，一定要做好全程陪护。

★ "他们只不过还是个孩子，可以理解。"这种观点绑架了不少人的思想，但我们不能因此成为无原则原谅孩子的强劲借口。

★ 一般情况下，如果出远门，乘坐火车是首选。因为相比之下，乘坐火车利大于弊，比如票价经济实惠、发车时间一般比校准、安全系数相对比较高，并且有一定的活动空间，还配备热水、餐饮、厕所等。

★ 乘坐飞机的时候，不要有事没事就麻烦空乘，或者因为一些鸡毛蒜皮的小事就冲他们发脾气。尤其是乘坐国际航班的时候，你在飞机上的一言一行，不仅能体现个人素养、父母的教育，还代表着国人的形象。

Part 7
有效执行，规矩的设定效果好

没有教不好的孩子，只有不会教的父母：
这样定规矩，孩子不会抵触

要点 *1*：孩子年龄小，家长要加强引导

孩子年龄小，社会经历自然就少，这种情况下，要想提高孩子的规则执行力，就要对他们进行一定的引导——提醒或者告知他们需要注意的事项，鼓励他们懂规则、遵守规则，并能执行和坚持下去，直至养成一种好的习惯。

刚去幼儿园没几天，有一次喆喆放学回来跟妈妈说："我不想去幼儿园了，因为小朋友们都不愿意和我一起玩。"

看着孩子一脸的委屈，喆喆妈急忙打电话给喆喆的班主任老师，向她了解情况。原来，老师在组织小朋友们一起唱歌，或者给大家听故事的过程中，喆喆总是突然站起来，要么在班里转着圈地跑，嘴里还不时发出阵阵怪叫，要么不停地拍打地面，根本不听老师的话，活动也总会因为喆喆的吵闹而中断，其他小朋友都不高兴，渐渐地疏远他了。喆喆觉察到小朋友们对他的态度，也变得闷闷不乐。

喆喆妈感到很不解，毕竟上幼儿园之前喆喆参加过亲子早教班。没想到幼儿园老师告诉喆喆妈，可能是因为之前亲子早教班的教育方式跟幼儿园不同，亲子早教班只注重培养孩子的兴趣、爱好、动手动脑等方面，忽略了对他们进行规则意识的引导，以致喆喆一时半会儿不能适应幼儿园的班集体生活。

了解到这一情况之后，喆喆妈开始细心研究，并把规则分类，按照不同的规则告诉喆喆需要如何来遵守。经过一个月的努力，喆喆终于适应了幼儿园的集体生活，其他小朋友也开始转变之前对喆喆的看法，渐渐都喜

欢跟他一起玩了，而且喆喆再也没有说过不去幼儿园之类的话了。

现如今，越来越多0～3岁的孩子，只要家庭条件允许，父母都会选择送他们去参加亲子早教班，希望自己的孩子能赢在起跑线上。通过上述案例，我们会发现，尽管喆喆上过亲子早教班，但是缺乏集体规则意识，以至于他初上幼儿园时显得不合群，让老师头疼，也不受小朋友们的喜欢。可喜的是，喆喆妈发现这一问题后，及时对孩子进行引导，经过一段时间，喆喆果然发生了改变。

学龄前的孩子喜欢用力拍打桌子、地面，是他们探索世界的一种方法；进入幼儿园后，老师会教给孩子更加丰富的探求世界的方法，比如给他们讲故事、教他们画画、引导他们参加集体活动等。或许很多家长认为孩子还小，什么都不懂。其实不然，别看他们年龄小，学习力却是很强的，只要将正确的方法教给他们，他们一般都会接受，并且经过一段时间的重复训练，自然就可以养成好习惯。有些孩子看起来行为比较出格，是因为他们不知道什么是对的什么是错的，这时候，父母要做的就是引导他们按照一定的行为准则为人处世。

规矩，看似很抽象，其实就是教导孩子做一个文明人，让他们更好地适应现代社会。实际教育孩子的过程中，孩子会反复窥测爸妈的容忍度，在这样的情况下，父母到底应当怎样做呢？

方法一：孩子犯错，父母一定要先冷静下来

俗话说，冲动是魔鬼。人在冲动的时候，情绪就会被调动起来，做事的效率就会受到影响，只有在头脑冷静、心平气和的状态下，才有利于事情的完美解决。同样，面对孩子不守规矩的行为，作为父母，我们首先需要做的就是先冷静下来。

孩子犯错是很常见的，不管他们是撒谎、打架、骂人，还是忤逆父母，不少父母的第一反应就是恼火，一时冲动下，会选择动手打孩子，事后看到孩子身上留下的手指印或者听到孩子伤心痛哭的样子，又后悔不已。

面对犯了错的孩子，是不是觉得很讨厌？相信，大多数父母都会这样认为。可是，如果这个孩子就是你的孩子呢？你会不会觉得丢人或者触碰了自己的威严底线？这时候，你会怎么做？直接打骂，还是和颜悦色地应对？

很多父母都表示，在管教孩子的时候，一定要先让自己冷静下来。可是，在现实生活中，看到孩子故意犯规的举动，有的父母会火冒三丈，情绪立刻大爆发。

其实，管教孩子最立竿见影的做法，就是不要生气，也不要大声冲孩子吼叫。因为，一来，父母的情绪不容易被孩子接受，并且会受影响，今后待人处事时也会容易情绪激动；二来，父母情绪激动不利于问题尽快地有效解决，打骂孩子，他们势必会哭闹，如果把他们哭闹的时间用来心平气和地跟他们讲道理、引导他们今后如何避免再犯同样的错误，会更直接、有效。所以说，在处理孩子不遵守规矩的问题时，先让自己冷静思考一下，然后告诉他们："宝贝，你做得不对。我必须静下心来，想一想如何帮你解决这个问题……"

方法二：与孩子沟通，不要唠唠叨叨

职场中，针对某件事情能够尽快得到解决，同事之间难免会发生争执，但这样的争执是以事情的解决为目的的。家庭生活中，父母要求孩子执行规则，对于叛逆期的孩子来说，他们会觉得这是一种束缚，本来就表现得不情愿，再加上父母每天都要唠叨孩子注意遵守规矩，这时孩子就会与父母发生争吵。当然，这样的争吵，并不是为了孩子如何有效地遵守规则，而是孩子为了不被束缚、追求所谓的自由以及父母的唠叨而发出的抗议。

放学回到家后，小可浑身上下一点干净的地方都没有。妈妈看到了，一边接过他的书包，一边问他："你是不是又跟同学打架了？我跟你说过多少回了，你怎么就是不听呢？"

小可反驳道："又不是我想惹祸，是他们做得太过分了，我总不能任他

们欺负吧？"

"我不是早跟你说过，那几个孩子素质不高，他们如果惹了你，你能躲就躲，别跟他们一般见识。你就不怕打架会吃亏？"

小可有点不耐烦了，说："你不是跟我说，吃亏是福嘛！"

妈妈被堵了回去，心有不甘："我是这么说过，但即使吃亏，也要看什么亏啊！你一个人，他们人多，打起架来，吃亏的最终不还是你嘛！"

"他们人多我也不怕，我相信邪不压正！"

妈妈急了，大声说道："你怎么就不听劝呢？什么时候才能让我省心？"

小可本来就因为受欺负有一肚子的气没地儿撒，看到妈妈不仅不维护自己，还唠叨个没完，便回到自己的屋，狠狠地将门"咣当"一声关上了。

故事中的小可虽然跟别人打了架，但是心里本来就感觉挺委屈的，妈妈不但没有问他打架的原因，以及他是不是被打伤了，还不停地唠叨，难怪小可会不服。现实生活中，像小可妈这样的人不在少数，她们总是以关心孩子为借口而不停地唠叨，似乎没有了唠叨，孩子就不会记住。然而，众多实际案例告诉我们，在教育引导孩子的时候，最忌讳的就是父母的唠叨，甚至有时候，孩子会因为父母的唠叨而远离我们。

孩子弄脏了衣服，父母不要没完没了说个不停，告诉他们下次如何避免就可以了；

孩子没按时完成作业，父母不要不停地追问原因，告诉他们放学之后先做作业，做完了再玩；

孩子顶撞父母，父母不要唠叨孩子翅膀硬了不听话，告诉他们遇到问题要就事论事，而且对事不对人；

孩子不合群，父母不要整天说孩子的不是，告诉他们适当改变能交到更多的朋友，以后遇到困难朋友会帮助他；

……

没有教不好的孩子，只有不会教的父母：
这样定规矩，孩子不会抵触

  每个孩子内心都希望自己的父母是明理的、和善的、智慧的，而不是像个怨男怨妇一样，成天唠唠叨叨的。你的唠叨只会让孩子远离你，而且你越唠叨，孩子远离你的速度就越快。

要点 2：知道了违规的后果，孩子自然会重视

对有些孩子来说，他们心里明明知道需要遵守的规矩，但总是明知故犯，经常出现买东西不排队、与人相处不讲礼貌、过马路不遵守红灯停、绿灯行……即便知道自己犯了错，也总是改正不了。这时，父母就要想办法让孩子明白，不遵守规矩可能会引发什么样的后果，比如给他们看一些相关的绘本书或者动画视频等，让他们意识到后果的严重性，这样就有可能让他们重视规则并严格遵守了。

这天，一位靓丽的女士来到我的办公室，跟我聊她自己的困惑：

我儿子刚上小学五年级时，成绩算不上特别优秀，在班里能排到中等。可是过了一段时间，我发现儿子变得越来越贪玩，每天放学回到家，总是盯着电视不放，对作业一点儿都不上心。每次我问他，他都说老师布置的作业少，他在学校已经做完了。

最开始我相信儿子的话，可时间一长，总感觉有点儿不对劲。再加上那段时间我工作繁忙，也没有机会去找儿子的班主任老师核实情况。直到有一天班主任老师给我打电话，我才知道，儿子的学习成绩正在直线下降，而且总是不交作业。更可气的是，班主任老师曾经让他叫家长去学校见老师，儿子从来没有对我们说过，还总是用各种各样的借口应付老师。

我们从来没有要求儿子学习成绩能够在班里数一数二，但是他总是不做作业，学习成绩下降，还隐瞒、撒谎，让我感到很无奈，也不知道该如何引导儿子。

听了她的讲述，我建议她，不妨把儿子当成自己的朋友，坐下来好好跟他谈，并且直接告诉他，如果一直这样下去，他可能会遭遇什么样的后果。比如，习惯性不交作业，老师就会放松对他的监督，他就不可能考上自己理想的中学甚至大学；同学们会认为他不思上进，渐渐疏远他；更糟糕的是，痴迷电视会削弱他学习的意志，他的不思进取和堕落会让坏孩子找上他，带他走向犯错甚至犯罪的道路，失去人生的自由，被社会遗弃，与此同时，父母也会因为有他这样的儿子受到别人的指责……

这位女士的情况在我看来并不特殊，为她提供解决问题的办法之后，我也没有太往心里去。一个月之后，这位女士给我打电话，告诉我，她从我这里回去之后，找了机会跟儿子详谈了一次，从那儿之后，儿子每次放学回家，第一件事就是先做作业，遇到不会的主动问老师，而且同学问他问题的时候他都能帮着解答，老师和同学们都非常喜欢他，推举他当课代表呢……

从她的语气中，我能明显感受到她内心的喜悦和无限的满足。

相信这位女士的情况，很多家长都曾经遇到过，甚至不少父母感到奇怪，孩子为什么会出现这样的情况？探究其根源，主要是因为他们陷入了某种欲望的深坑，比如痴迷动画片、网络游戏等，为了争取更多的时间，在家敷衍父母作业早在学校做完了，在学校欺骗老师说作业在家忘记带了……总之，他们为了躲避父母或老师的责备甚至打骂，想尽办法敷衍塞责。而这也反映出，现如今绝大多数父母对孩子的早期教育更多倾向于智力投资，忽略了道德品质、社会能力等非智力因素的启蒙与引导。

事实证明，缺少对孩子的德行教育，孩子会缺乏自制力，行为也会相对散漫，无法接受规矩的拘束，不仅不能遵守规则，还容易跟父母发生争执，有时甚至会出现攻击性行为。随着素质教育的全面推行，孩子的这些问题开始普遍受到家长和社会的关注。在这个过程中，因为生活经验的缺乏、认知水平有限、控制能力不强，孩子难免会做出一些违规的行为，实际后果也有轻有重。为了防止发生不可挽回的恶果，父母一定要引导孩子提高对规矩的重视程度，直接将违规可能引发的后果告诉他们，让他们有所畏惧，行为上自然就会有所收敛。

方法一：告诉孩子违规都有什么后果

很多时候，孩子之所以不会按照要求去做事，主要是因为他们根本就不知道这样做的后果是什么。当他们意识到问题的严重性时，可能就不会肆意而为了。

一次，小小妈和大宇妈约好带着小小和大宇来一次组团乘船旅行。

登船之后，轮船离开海岸，向大海中间驶去。过了一会儿，小小妈说："真美呀！感觉伸手就能抓住风，摸到云。"

大宇妈说："是啊，这趟旅行确实值得。"

大宇是个男孩儿，而且好奇心强，总是在轮船上跑来跑去，看看这儿，看看那儿；小小是个女孩儿，胆小爱哭，一遇到不顺心的事就掉眼泪。轮船行驶一天后到了青岛，需要停留一会儿，大宇拉着小小跑到轮船边上，大宇趴在栏杆上，对小小说："我想下去看看。"说完，他拉着小小边走边说："咱们一块儿去吧，几分钟就回来。"

小小一边挣脱大宇的手，一边着急地说："来之前我妈跟我说，不让我随便乱跑，离开她的视线，怕遇到坏人把我带走了。"再想到自己没跟妈妈打招呼离开，有可能遇到坏人，再也见不到妈妈了，小小伤心地哭了起来，并大声叫着"妈妈，妈妈"。

小小妈循声赶了过来，大宇妈紧随其后。小小见到妈妈，一边哭一边死死地抱住妈妈的脖子不撒手。大宇妈问大宇，是不是欺负小小了。大宇便把事情的经过告诉了她，大宇妈后悔当初没有给大宇定下出游规矩，差点酿成大祸，于是赶紧对大宇说："还好小小没听你的，否则你们私自下船，茫茫人海的，丢了你俩，不得急死我们啊。再说，你们不打招呼下船，怎么就能保证一定可以及时赶回来呢？万一耽误了时间，轮船开走了，你们很可能就再也见不到我们了。"

大宇听了妈妈的话，知道自己错了，并向小小和小小妈道歉，保证再也不会这样做了。

有些违规行为是不可触碰的红线，因为稍不注意就有可能危及孩子的生命，比如误吃药片、触电、烫伤等，所以，对于类似这种违规行为，父母一定要多花心思，想办法用孩子能够理解的语言和方式，让他们清楚地知道，生命的可贵，以及这些违规行为可能造成无法挽回的恶果。

方法二：给孩子看些违规后果的视频

很多孩子都喜欢看动画片，年龄大一些的孩子也会喜欢看一些有趣的视频，因此，父母可以借助相关的动画片和视频，播放给孩子看，让他们一边观看，一边受到启发，意识到遵守规则的必要性和重要性。

我的微信朋友圈中，经常会刷到一些视频，有的跟学习有关，有的纯属搞笑，不管哪种，只要我感觉对女儿有启发意义，就会把她叫过来跟我一起看。有一次，我在朋友圈中刷到这样一个视频，画面上一位年轻女子边走边低头玩手机，结果没注意脚下，一不留神掉到了臭水沟里。

看完这个视频后，我跟女儿都忍不住笑了。可是，笑过之后，我对女儿说："你发现没有，一边走一边闷头玩手机，是不是挺危险的？视频里这个阿姨是掉进了臭水沟里，如果是走在大马路上，会不会被车给撞了呢？"女儿听我这么一说，想了想，点点头，似乎有些心有余悸。我又趁机告诉女儿："要不怎么说一心不可二用呢，同时做两件事，往往很容易发生意想不到的状况，所以今后一定要引起注意，千万不能这样。"

尤其是学龄前孩子，跟他们说违规的后果，他们往往不明白。这时候，有心的父母会通过孩子喜欢的、容易接受的方式来引导他们，比如给他们买一些安全绘本、搜一些自我保护的视频等，培养孩子的安全意识，教他们遵守规则。必要的情况下，孩子一边看，父母一边解说："看，他违规了，所以他受到了惩罚。"

要点 3：孩子做得好，就要多鼓励多表扬

孩子的教育和引导离不开表扬和鼓励，尤其是他们执行规则的过程中，如果某方面做得好，父母千万不要吝啬，及时说一些赞美或鼓励他们的话。比如他们把自己的玩具跟其他小朋友分享了、帮助家人做自己力所能及的家务了、受到学校老师的表扬了，等等，父母就事论事的赞美和鼓励，可以提高他们的成就感和荣誉感，并会养成良性的行为习惯。

格格今年3岁，上幼儿园小班。最近不知道怎么了，每天早上起床，妈妈帮她穿衣服，她总会趁机脱掉，并且乐此不疲。为此妈妈感到十分头疼，因为给女儿穿戴好，送她去幼儿园之后，自己还要上班，时间本来就紧张，格格再这么一耽搁，稍不注意就会迟到。

格格妈问幼儿园老师，格格中午在幼儿园午睡后是不是也这样。老师听了，对格格妈说："她在幼儿园倒不这样。孩子处于敏感期，如果她总是这样，你不妨试着让孩子自己动手穿衣服。"妈妈决定听从幼儿园老师的建议，让格格自己穿衣服。

晚上，8点半妈妈就给格格洗澡、刷牙，然后上床准备睡觉。第二天，6点钟格格就醒了，然后妈妈把衣服递给格格，说："格格是大姑娘了，有些事情可以自己动手做，比如穿衣服。"刚开始的时候，格格总穿不好，试了几次就没耐性了，索性把衣服扔到一边不穿了。妈妈笑着说："衣服真是太淘气了，总跟格格闹着玩，要不要妈妈帮帮你啊？我希望我家格格能战胜这些衣服。"

格格不吱声，妈妈抱着她，一边摸着她的头，一边耐心地说："我家格格最棒了，这点小事一定难不倒你，对不对？邻居家的琪琪姐姐都是自己穿衣服，格格也一定可以，如果需要，妈妈可以先帮帮你，慢慢地格格就能完全自己穿衣服了。"

然后，妈妈让格格自己试着再穿一次，伸袖子的时候妈妈帮她扶好，并且告诉她一些穿衣服的小技巧，渐渐地，格格穿衣服的主动性更强了，并且她进去很快，三五分钟就能自己穿好衣服和鞋袜。

研究表明，伴随着孩子阅历的增加，自主意识日渐高涨，父母要注意把握培养孩子规则意识的关键时机，过程中不能忽视表扬的力量。尤其是3～7岁的孩子，他们往往缺乏自我评价能力，父母说什么他们就会照着做，而且父母的激励会让他们产生良好的认知。孩子一旦认真执行了父母制定的某项规则，父母一定要就事论事，及时提出表扬，并鼓励他们继续保持，再接再厉。

受到表扬的孩子，他们的内心是喜悦的，因为自己的行为得到了父母的认可，自信心也在一定程度上有了提高；相反，如果父母认为孩子遵守规则是理所当然的，从来不对他们的优秀表现进行赞美，那么孩子的内心就会对规则越来越感到无所谓，甚至会迷失方向。

很多父母可能会说："我经常夸奖自己的孩子是最棒的、最聪明的，可结果他们也没有表现得有多好啊？"要知道，出现这种状况的原因在于，父母对孩子的赞美或表扬是模糊的，或者是赞美的同时忘记了鼓励他们继续保持，抑或赞美只有一两句，而批评却是十句八句的。总之，父母要切记：发自内心地对孩子进行具体的夸奖，而不是用"你真棒""你真聪明"这类模糊的字句敷衍。

方法一：物质上的表扬鼓励

有人说，对孩子进行精神激励要比对孩子进行物质鼓励更有效、更持久，但是，不得不说，面对中国的教育国情，在原则范围内的物质奖励是可以有的。

就像我，对女儿的表扬除了精神上的，偶尔也会适当采取物质方面的鼓励。比如，女儿喜欢吃糖，为了避免长蛀牙，我会有意地克制她，但是如果她表现很乖或者某件事做得好，我会允许她吃一块，并且吃完后要立刻刷牙漱口。

二年级下学期的期中考试，女儿的语文成绩提高了5分，名次前进了3名。成绩公布后，女儿一回到家就向我"炫耀"。看着女儿高兴的样子，我也感到很欣慰。

"说吧，你需要怎么庆祝一下呢？"按照之前的规定，如果女儿这次考试有进步，我答应送她一个礼物，礼物由她自己选，但是价格不能超过10元。

女儿说："妈妈，你再给我买个存钱罐吧，我的零用钱，现在这个存钱罐快放不下了。"

听了女儿的话，我欣然同意。

不仅是我的女儿，任何一个孩子都希望被认可，于是在他们幼小的心灵中会认为按照父母和老师的要求去做，这个时候，不管是父母还是老师，都要发自内心地对认真执行规则的孩子进行精神上的表扬或者适当的物质奖励。受到鼓舞后，孩子做事的积极性也会提高很多。

实际上，只要物质鼓励得法，孩子就会明白：按规矩做事是有好处的，可以得到父母的赞美和鼓励，然后下次他们就会更乐意自主地按规矩做事了。事实也充分说明，恰当的物质鼓励见效快，而且把握恰当的话，不仅会抑制孩子滋生虚荣心或者其他的不良习性，还会让他们主动去改变，成为更好的自己。

方法二：对孩子的夸赞不局限于口头表扬

有一首儿歌，歌词大意是"妈妈总是对我说，爸爸妈妈最爱我，我却总是不明白，爱是什么；爸爸总是对我说，爸爸妈妈最爱我，我却总是搞不懂，爱是什么；爱我你就陪陪我，爱我你就亲亲我，爱我你就夸夸我，爱我你就抱抱我……"不得不说，这首儿歌唱出了所有孩子内心最想对父母说的话。

父母对孩子的爱，不仅体现在满足他们衣食住行，更体现在教导他们懂规矩，成为受人尊敬的人；尤其对规则的执行力强的孩子进行表扬和鼓励，更是一种直接体现父母爱的方式，当然，这种表扬和鼓励不止是物质方面的，还包括精神方面的。如果你认为作为父母，说不出一些感谢或者表扬孩子的话，那不妨用一个亲吻、一个微笑、一个拥抱来代替，别看是一个简单的举动，也足以让孩子深深感受到父母的爱。

我曾经看过一本绘本，是关于拥抱的。虽然这本书只有10幅场景图，文字不多，但画面却意味深长。

第一幅图是：

小姑娘放学回来，妈妈热情地拥抱她。

第二幅图是：

小姑娘早上按时起床，妈妈又给了她一个大大的拥抱。

第三幅图是：

小姑娘帮着收拾碗筷，爸爸给了她一个拥抱。

……

在我看来，第一幅图意味着小姑娘结束了这一天学校的生活，而且在学校守规矩，而且过得很开心，放学回到家后，妈妈对她的表现进行赞美；第二幅图意味着小姑娘很好地遵守了按时起床的规矩，妈妈又用拥抱的形式表扬了她；第三幅图意味着小姑娘在家里帮助父母干一些自己力所能及的事情，并且能够很好地遵守约定，于是爸爸为她对规定的履行进行表扬……

值得说明的一点是，这里的画面中不仅出现了妈妈，还出现了爸爸，就是提醒我们，爸爸们不要被大男子主义观所挟持，适当的时候也要向孩子表达自己的父爱，哪怕是一个看似简单的拥抱，实则饱含着父母内心对孩子执行力的认可和满满的无言的爱。无数社会实例证明，只有沉浸在爱的海洋中的孩子，身心才能得到全面的发展。

要点 4：让孩子做有限的选择，效果好

很多时候，孩子之所以不愿意执行父母制定的规则，是因为他是被强制着去执行的，毫无自主权和选择权。从这一点来看，父母在给孩子制定规则的时候，为了提高他们执行的自主性，可以跟他们商定一个范围，允许他们在这个范围内进行有限的选择。这样一来，孩子就会对做出的选择负责，执行力自然也会相对高一些了。

笑笑是个活泼好动的孩子，在家的时候经常在各个屋里跑来跑去的，吃饭的时候也坐不住。

中秋节时，笑笑的外公和外婆过来和一家三口一起过节。外公外婆刚进门的时候，笑笑还算老实，过了没几分钟就开始"疯"了，拉着外公外婆到这儿去那儿，干这干那。外公外婆岁数大了，哪里经受得住？不一会儿就累得气喘吁吁的。

爸爸把笑笑一把抱住，问他："老师留的假期作业，你都做完了吗？"

"我早就做完了。老师留的作业都太简单了。"

"嘿，你口气还挺大，拿来给我检查一下。"笑笑从书包里掏出作业本递给爸爸，爸爸一检查，果然做完了。

"就算你都做完作业了，也不能缠着外公外婆，他们年纪大了，这么折腾，他们吃不消。你看你把他们给累的。外公外婆最疼你了，我相信你也很爱他们，对不对？"

"嗯！"笑笑听了，点点头回答道。

"那么，现在我建议你去看书，或者画画。对了，你喜欢的那本故事书我给你买回来了，放到你的书架上了，你去看看。"

"好哦，去看故事书喽。"笑笑边说边蹦蹦跳跳地朝书架跑去。

在这个案例中，笑笑的爸爸没有强制要求孩子该怎么做，而是引导他去看书或者画画，然后顺势提醒笑笑，他喜欢的故事书已经给他买回来了。不得不说，笑笑爸的做法不存在胁迫和强制，所以没有引起笑笑的反感，反而让笑笑很乐意地去翻找故事书看了。

有些事情，孩子必须要去做，比如完成作业等，除此之外，其他事情但凡可以让孩子进行选择的，都可以给他们提供几个不同的选项，让他们自己从中挑选一个。这样做的好处是，不管他们从中选择做什么，都能达到父母最初的目的。当然，在这里需要提醒父母，在为孩子提供选项的时候，至少要有两个，而且这两个选择，父母和孩子都能接受，并且不要忘了最后加上一句："到底要做什么，你自己来决定。"孩子一旦获得了自主感和权力感，就会很享受，并且会为自己的选择负责。

生活中并非总能如愿，如果父母提出选项，孩子根本不去选择，怎么办？

如果孩子不愿意接受父母的建议或提供的选项，而是提出自己的意见，想做点别的。这种情况下，如果父母认为他们的要求合理，不妨就顺势答应他们；如果他们的要求不合理，就告诉他们："这不是其中的选项，我不能接受，或者你再想一个我能接受的方式……"

美国著名非盈利机构育儿资源主管克莱尔·勒纳表示，给孩子选择的机会，会让他们觉得自己有"权力"去控制局面。因此，他鼓励让3岁之内的孩子做些简单的选择，因为这样可以更加完美地培养他们的独立性。那么，具体应该怎么做呢？

方法一：提前告知

打个比方，某天家人没有提前告诉你，等你上车之后才说明要带你去什么地方，你会如何？是否会有一种不被尊重的感觉？同样的道理，如果某件事情即将发生，提前告诉孩子，让他们有个心理准备，然后做出自己的选择。比如，父母有时要出门一趟，一定要告诉孩子：我们几点要出门，你要不要跟着一起去？如果你选择去的话，一定要在几点前换好衣服、准备好出门要用的东西……

在这方面，我自认为做得很好。

平时有事要出门，我会在第一时间告诉女儿，我或者丈夫会带她去哪里，做什么，或者去见哪些人，出门前需要做哪些准备，让女儿做到心中有数。事实证明，每次女儿都能够很好地配合我们，在规定的时间内收拾妥当。

如果是寒暑假，如果我打算带着女儿回老家待一段时间，或者决定带她出游，我会把哪天出发，需要带什么东西，行程大概是几天等情况告诉她，让她根据自己的实际情况选择合适的出行时间和行程安排，并准备出行期间她自己可能用到的必需品等。与此同时，我还会跟她讨论出行期间需要注意的事项和必须要遵守的规则，比如不能随便乱跑，有事一定要跟我知会一声，不要随便相信陌生人的话等，并且询问她的意见，征得她的同意后，才会按照计划进行。

孩子们都是一个独立的个体，不要因为他们年龄小就忽视了他们的感觉。提前将要发生的情况告诉他们，让他们心里有所准备，看起来只是一件不足为道的小事，实际却对培养他们的责任意识和独立性大有裨益。

方法二：恰当选择

所谓恰当选择，顾名思义，就是孩子的选择一定是合适的，符合孩子自身的情况。

很多时候，父母给孩子提供的选择，都是孩子打心里不愿意接受的，比如：孩子想学画画，父母却给孩子报了音乐班；孩子在书店看好了一本书，父母认为这本书不符合孩子的年龄段，硬给孩子买了一本他不喜欢的书看；孩子在幼儿园本来很开心，父母却拉关系、托人联系了一所国际双语幼儿园，给孩子办了转园……类似强制孩子做出选择的事情不胜枚举。那么，到底什么样的选择才是

没有教不好的孩子，只有不会教的父母：
这样定规矩，孩子不会抵触

恰当的呢？

　　五一过后，天气渐渐热了，一个星期天，妈妈带着茜茜去商场买夏天的衣服。一进商场的大门，发现不少童装的门店在搞活动，于是妈妈领着茜茜在各童装店逛。最后，妈妈在其中一家童装店相中了两款价位适中的裙子，然后她问茜茜觉得怎么样，喜不喜欢。茜茜说："妈妈，我喜欢西瓜红的这个裙子，你给我买这个吧。"然后，妈妈让售货员给这款西瓜红的裙子开了票，到收银台付了款之后，茜茜拎着妈妈给自己买的新裙子，高高兴兴地回家了。

　　眼看暑假就要到了，有一次，妈妈对茜茜说："我想了想，暑假时间长，除了每天固定做作业的时间，其他时间就是玩了，我在想，不如给你报一个辅导班，让你一边玩一边学点课外的东西。你觉得怎么样？"

　　茜茜想了想，回答道："嗯，可以。"顿了顿，茜茜问妈妈，"妈妈，我能选自己喜欢的辅导班吗？"

　　妈妈笑着回答说："当然可以啊，你喜欢什么咱们就报什么。"

　　"我喜欢画画，不如你给我报个美术班吧？"

　　"没问题。"妈妈笑着摸摸茜茜的头，开心地说道。

　　暑假来临，妈妈带着茜茜去辅导班咨询。咨询老师说辅导班有美术课跟沙画课，妈妈问茜茜更喜欢哪个。茜茜琢磨了一下，问咨询老师，沙画是什么？咨询老师详细地给茜茜解释。茜茜越听越有兴致，而且沙画课的学习时间跟自己做作业、找小朋友玩的时间都不冲突，于是，茜茜最终让妈妈给她报了沙画班。

　　看了上边的故事，身为父母的你有何感触呢？你是不是会借此反思自己在日常生活中是如何应对孩子的选择的？你是否总是把自己的意愿强加给孩子，让他们被动地接受呢？你有没有在给孩子做选择时，耐心听听他们内心的想法？如果你没有像茜茜妈那样，尊重孩子，让他们做出符合自身情况的恰当选择，那么就不要怪孩子不遵守规则，因为事实上这本就不被他们所接受。只有把父母的决定和孩子的决定融合起来，才能得到双方的理解，朝着同一个目标努力奋进。

没有教不好的孩子，只有不会教的父母：
这样定规矩，孩子不会抵触

要点 5：规矩的执行需要全家人一起努力

任何事情的完成，从来不是靠一个人的努力就能够完成的，这也是教导孩子遵守集体规则、有团队意识的原因。对于孩子执行规则来说，同样也不能单单靠孩子一个人就能实现，除了提高主动性外，父母或家人还需要积极进行配合。

刘艺是个 5 岁的幼儿园中班小朋友，刘艺的爸爸有个习惯，那就是每天一到 7 点就会打开电视看新闻联播。这个时间段往往全家人在一起吃饭，久而久之，刘艺就养成了一吃饭就要看电视的习惯。

科学证明，吃饭的时候如果注意力不集中，一边吃一边看电视、看书、玩游戏等，不仅会养成注意力分散的坏习惯，还很容易引起消化不良、营养吸收差、食欲下降等问题。

这不，这些症状开始逐渐在刘艺身上体现出来。他只要吃饭就会去开电视，一边吃一边看，总因为看电视而忘记了吃饭，偶尔还向爸爸妈妈解说一下。一顿饭下来，他总要耗费半个多小时，每次饭桌都只剩他一个人。而且妈妈发现最近刘艺不仅学习成绩下滑，他的饭量也小了，宁可看电视也不吃饭。看着日渐消瘦的儿子，有好几次，刘艺的妈妈实在无法忍受，冲他发了一通火。可是，刘艺只坚持了两天，第三天又开始一边吃饭一边看电视了。

最后，一家三口针对刘艺的情况进行了一次家庭会议。经过一番讨论，决定今后吃饭谁都不准看电视，如果实在想看电视，可以选择提前吃饭或看完再吃,但要严格遵守看电视的时间,不能违规。大家彼此互相监督,渐渐地,刘艺这才改掉了吃饭看电视的坏习惯,学习成绩和体重都有了回升。

不管是谁,都不希望自己完全受控于人,没有丝毫的自主权,哪怕是未成年的孩子,也会为争夺自由权而向父母抗议,所以在要求孩子执行规矩的时候,父母不能置身事外,必要时要参与进来,跟孩子配合好。

这里还需指出一点,身为父母一定要清楚,1岁后的孩子自主意识逐渐增强,因此要想让他们愉快地遵守并执行规则,千万不能苛刻到让他们有窒息感。上述案例中,假如只用不允许吃饭看电视的规矩约束刘艺一个人,他势必很难做到,而全家人一起遵守这个规定,并且互相监督,才能真正有效地达到预期的效果。

在我国,不少父母信奉对孩子的教育要耳提面命,可实际上,耳提面命对孩子的影响远不如以身作则,从而潜移默化地影响他们。对于制定的规矩,如果父母都严格遵守了,孩子也一定会看在眼里、记在心上;反之,如果父母都没有规则意识,孩子就会觉得,凭什么只让我自己守规矩啊?难道就因为我年龄小,必须得听你们的吗?这根本就是不公平的!

所以,既然立下了规矩,只要决定执行,不管是孩子还是父母,就要态度端正地去对待。那么,全家人怎样才能更好地一起执行规矩呢?

方法一:惩罚不是目的,惩罚措施可以是积极有意义的

规矩既然是全家人一起定的,执行过程中就不能以任何理由拒绝或违背,并且要执行到底,期间出现任何问题就随时提出来,然后大家一起协商,想办法解决,保证规矩也能做到与时俱进、不断成熟和完善,防止变成一纸空文。

全家人之间彼此互相监督,能够有效保证生活规则的贯彻和执行。不管是父母还是孩子,不管是有心还是无意,只要发现谁破坏了规则,就要接受相应

的惩罚，这么做的目的就是让孩子明白：规矩面前，人人平等。

女儿4岁多的时候，有一段时间脾气特别大，总是一不如她的意就发火，甚至动手打人。我跟丈夫意识到这个问题后，想办法让女儿懂得控制自己的情绪。商量过后，我从网上下单，买了几本关于婴幼儿自我情绪管理的绘本和一个小熊的计时器。第二天下午三点多的时候，快递送货上门，女儿以为是给她买的好吃的，于是迫不及待让我给她打开。我告诉她，等会儿爸爸下班回来，我们一起打开看里边都有什么。

过了两个多小时之后，丈夫开门进来，还没来得及换鞋，就被女儿硬拉着去拆包裹。打开后，女儿看到绘本和小熊的计时器，情绪有点失落。于是，我趁机告诉女儿："你不再是小宝宝，一天天长大，是大姑娘了，而且这么漂亮的姑娘总是发脾气、打人，今后就没有人会喜欢你了。所以，我们想了个办法，以后如果你还是不能够控制自己，发脾气了，就找个地方坐下来，给计时器设定五分钟的时间，看这些绘本，直到坏脾气消散了。"

女儿看着我，说："之前妈妈也冲我发过脾气，为什么我就不能发脾气呢？"

丈夫抱过女儿，亲了亲她的小脸蛋。"你个鬼丫头，从今以后我跟妈妈一样，如果发脾气了，你提醒我们一下，我们也定时间，静下来看书，行了吧？"

女儿做了个鬼脸，又说："我是小朋友，你们给我定五分钟；你跟妈妈是大人，你们定十五分钟！"

我故作为难地说："十五分钟啊？时间有点长哦？那我们看完绘本之后，能不能找自己喜欢的书看呢？"

女儿一副小大人的样子，说："好吧！"

接着，我们找来一张黄色的彩纸，用女儿的红色彩笔，把这个不准发脾气、发脾气之后要接受惩罚的规则写下来，贴在书架旁边的墙上，而且约定我们三个人互相监督，不管是谁发脾气了，就及时指出来，然后接受惩罚。

家人之间互相监督是一件非常有意思的事，虽然过程中我们三个人都出现过违规现象，但都自愿接受惩罚。最令我跟丈夫高兴的是，女儿从此不仅能够很好地管理自己的情绪，还养成了阅读的好习惯。

方法二：规则执行受到来自老人的阻碍时，智慧地解决

每个父母都深有体会，持续不断地做同一件事情难免会觉得烦，从而产生懈怠心理，执行规则同样如此。有时候执行规则的过程中，如果孩子产生懈怠心理，会找各种借口，比如情况特殊啦，生病不舒服啦，没人监督自己啦，等等。因此，引导孩子将规矩意识深入内心，有些规矩不管遇到什么情况，都是不能违背的。

一天傍晚，吃过晚饭，我带女儿出去散步，碰上了小区的李大姐。李大姐的儿子比我女儿大一岁，闲聊的时候，李大姐说她最近很苦恼。我问她怎么了，她说，之前她儿子从来没有吃零食的习惯，最近总是不吃正餐，给他的零花钱都买了零食吃。我建议李大姐，孩子正处在发育期，如果零食吃得太多，不利于孩子长身体。李大姐叹口气，说她也知道，可就是管不了儿子。她举了个例子，她规定儿子饭前一小时内不能吃零食，儿子答应得好好的，可开饭前他就说饿得不行了，然后四处翻找零食，不管怎么阻止，他就是不听，甚至哭闹。公公婆婆看孙子这样，出于心疼，就向孩子妥协，主动把零食拿给他吃。所以现在不管她禁止儿子做什么，儿子就会哭，他知道，只要一哭，爷爷奶奶就会护着他。面对公婆的做法，李大姐虽然心里不高兴，但是也不好去指责两位老人。我建议李大姐跟她老公好好谈谈，让她老公做做两位老人的思想工作，告诉二老心疼孙子没错，但是没有原则的维护只会害了孩子。

跟老人一起生活，对妈妈们来说确实是一个考验。一是跟老人的教育理念不同，二是"隔辈亲"导致老人溺爱孩子，因此父母在给孩子制定规则、执行规则的过程中，容易受到来自老人的阻力。有这种困惑的妈妈们，千万不要着急或者跟老人发生冲突，想办法协调解决，可以让老公做老人的工作，条件允许的话，可以单独带孩子，并定期让孩子去看望老人，解决他们的相思之苦。

总之，给孩子制定规则之后，就要鼓励、配合孩子坚持下去。而这并非一朝一夕就能实现的，需要父母极大的细心和耐心。

本章小结

★ 孩子年龄越小，社会经历自然就少，这种情况下，要想提高孩子的规则执行力，就要对他们进行一定的引导——提醒或者告知他们需要注意的事项，鼓励他们懂规则、遵守规则，并能执行和坚持下去，直至养成一种好的习惯。

★ 想办法让孩子明白，不遵守规矩可能会引发什么样的后果，比如给他们看一些相关的绘本书或者动画视频等，让他们意识到后果的严重性，这样就有可能让他们重视规则并严格遵守了。

★ 父母对孩子就事论事的赞美和鼓励，可以提高他们的成就感和荣誉感，并会养成良性的行为习惯。

★ 如果孩子不愿意接受父母的建议或提供的选项，而是提出自己的意见，想做点别的。这种情况下，如果父母认为他们的要求合理，不妨就顺势答应他们；如果他们的要求不合理，就告诉他们："这不是其中的选项，我不能接受，或者你再想一个我能接受的方式……"

★ 不少父母信奉对孩子的教育要耳提面命，可实际上，耳提面命对孩子的影响远不如以身作则，从而潜移默化地影响他们。

Part 8
不要走入规矩制定和执行的误区

没有教不好的孩子，只有不会教的父母：
这样定规矩，孩子不会抵触

误区 *1*：小孩不守规矩很正常，应该多一些宽容

有一位老师曾经和我说了这样的一个故事：

12岁的小路是班里的大队长。

有一段时间，班里的学生时常向老师反映，自己的学习用品总是莫名其妙不见了。于是老师私下调查，偶然发现偷东西的人正是小路。老师感到很奇怪，因为小路的家庭条件并不困难，可他为什么要偷同学的东西呢？再三思考之后，老师没有直接找小路谈，而是把这个情况告知小路的父母。

听到老师反映的情况，小路的爸爸妈妈同样感到很震惊。虽然两口子生于乡下农村，生活比较节俭，可对任何小路生活和学习上需要的东西，都没有到买不起的地步。而且从小到大，小路都特别懂事、听话，在生活上从来不大手大脚地花钱，在学校更是品学兼优的好学生。可是他为什么现在变得这样了呢？

为了找到问题的症结，妈妈开始留心观察起儿子来。渐渐地，她发现小路跟一个同龄的女孩儿走得很近，上学放学一起走，周末的时候，两人也约好一起出去玩。原来，小路早恋了，他把钱都私自花了，没钱买学习用品，只能趁同学不注意的时候拿他们的。

想到小路小学都没毕业，却出现这样的情况，妈妈决定跟儿子谈一谈。

这天晚上，小路放学回到家，发现自己的书桌上躺着一封信，收件人处的名字写的是自己的。他好奇地打开一看，原来是妈妈写的。于是他耐心地读下去：

亲爱的儿子：

看到你跟女同学相处得不错，我感到很高兴。可是，每个年龄段都有每个年龄段的任务，对你来说，现在最主要的任务是学习。因为目前来说，你还未成年，依然要依靠父母生活，没有独立担负起家庭责任的能力，所以请不要轻易向对方许诺。尤其是你最近的表现，不仅对自己不负责任，还辜负了人家对你付出的感情。

我相信，等你将来长大了，成为独当一面的男子汉时，再来向你喜欢的人表白，那个时候，你们彼此的真心付出会让你们相濡以沫，携手走得更远……

读完信，小路立刻明白了妈妈说的是什么，再回想这几天自己的恶劣表现，他后悔极了。想明白之后，小路找了个机会，跟那个女同学保持了距离，更没有出现过类似偷东西的情况。

虽然父母教导孩子不能随便拿别人的东西，可是对未成年的孩子来说，未必能理解这种行为引发的后果以及背后需要付出的代价。所以，如果父母发现自己的孩子有像小路这样偷别人东西的行为时，千万不能纵容，睁一只眼闭一只眼，要严肃对待，找出孩子偷东西背后隐藏的无法言说的原因，然后冷静处理。因为打骂并不是解决问题最好的办法，处理不当，还有可能让孩子的逆反心理更强。

现实生活中，很多因为偷窃而入狱的人都埋怨自己的父母，小时候没有及时阻止自己，以至于养成了偷窃的习惯，最终付出惨痛的代价。所以说，不怕孩子犯错，但是如果他们犯的是原则性的错误，父母一定不能听之任之，要及时纠正和引导，防止孩子误入歧途，反过来还会责怪父母。

方法一：弄清楚孩子不良行为形成的原因

确立规矩之前，父母首先要弄明白孩子为什么会出现这种行为，而且要多搜集资料或者向儿童心理专家咨询，寻找科学的解决办法。比如，孩子不好好吃饭、挑食，肯定不是平白无故的，要么是家人挑食，要么是学校有挑食的孩子，要么是孩子自身缺乏某种营养元素导致的胃口不佳……不管哪种情况，只有找对了原因，对症下药，才能药到病除。

一天，我在办公室里接待了新宇的妈妈。她是一家企业的高管，看上去非常干练，说话也干脆利落。说实话，对于这样的职业女性，我总会心生羡慕和敬佩，因为一个女人能够做到这样，确实不容易。

简单寒暄了两句后，她告诉我，新宇正在上四年级，几乎每天都无法按时完成老师布置的英语作业。老师多次打电话反映情况，她也说过新宇不少次，可他就是不听。最后实在没办法，就来找我。

我给她分析新宇出现这种状况可能存在的几个原因：上课听不懂，下课不会做；认为老师留的作业太简单，不屑一顾，懒得写；他和老师之前存在误会，不喜欢老师；或者是其他情况引起的。我建议她回家后跟孩子好好沟通，看到底是因为什么不写英语作业的。

第二天晚上，我接到她的电话，她告诉我说，她回去之后就跟孩子沟通了，新宇说自己提前预习、课后复习，老师讲的自己都懂，即使不写作业，知识点也都掌握了，所以他想腾出更多的时间给其他弱项的科目。为了证实儿子说的，她对儿子进行了考核，果不其然，课本上的单词、句式、朗读、背诵……他都对答如流。然后，她便将这一情况跟老师做了沟通，老师表示，如果新宇保证成绩不下滑，允许他可以不写作业。

一般情况下，孩子不写作业，我们会习惯性认为他们没有掌握知识点，不会做。可实际上，新宇已经全都掌握了，只不过是把做英语作业的时间用来复习其他科目。由此可见，弄清孩子行为背后的真正原因是十分必要的。

方法二：坚守爱与坚持的原则

立规矩不等于束缚孩子，而是其中包含着满满的爱，让孩子严格遵守规矩，是为了让他们拥有更好的将来。因此，只有将爱和坚持统一起来，规矩才是有效的、正确的。

给孩子制定规矩时，父母应该考虑好，怎样立，才能让孩子遵守，同时又不会失去安全感。如果在立规矩、执行规矩的过程中，孩子闹情绪或者反抗，那么父母千万要重视起他们的心理感受，及时安慰，并了解他们真实的想法，引导他们用正确的态度对待和执行规矩。

跟新宇妈有了上次的接触后，我们慢慢地成了朋友，互相加了对方的微信。那年的暑假，我在微信朋友圈里看到她发的信息，渐渐了解到，为了让新宇在假期养成良好的生活和学习习惯，把弱势科目的成绩赶上来，她给新宇定了很多规矩，比如几点起床、几点洗漱、几点吃饭、几点午休、几点温习功课、几点上床睡觉……只要是跟孩子有关的，她都一一陈列。在她看来，只有对新宇高要求，才能促使新宇进步越快。

可事与愿违，新宇的状态让她感到很困惑。后来，她在微信上问我这到底是怎么回事，我一针见血地指出："你只给了孩子规矩，却没有让孩子感受到你的爱！如果你能抽时间多陪陪孩子，跟他一起学习和进步，我相信他的状况肯定会有所改善。"

之后，她反思了自己的问题——平时忙于工作，缺少对孩子和老公的关心，认识到这点后，她决定改变，减少一些没有意义的应酬，多腾出时间陪孩子，适当的时候跟孩子一起执行作息时间表，在孩子做作业遇到困难时，引导孩子寻找解决难题的办法。果真，一个暑假下来，新宇的弱势科目成绩终于得到了提升。

没有教不好的孩子，只有不会教的父母：
这样定规矩，孩子不会抵触

误区 2：孩子还小，没关系，长大自然就好了

孩子不听话、不服管教、站没站相、坐没坐相，一点儿规矩都没有。有人认为孩子还小，无所谓，等他们长大了就会改好。错！常言说："三岁看大，七岁看老。"这是被无数实践验证的一条真理。所以不能因为孩子年龄小就帮他们推脱，而要教导他们，让他们学会为自己做的事承担责任。

学校放暑假，果果的爸爸妈妈因为工作的原因，决定把果果送到外婆家去住一段时间。

没去外婆家之前，果果每次吃饭都规规矩矩地坐在自己的专用小凳子上，但是暑假快结束的时候，爸爸妈妈把果果从外婆家接回来之后，发现果果之前的好习惯都不见了，总是一边吃饭一边看动画片。爸爸妈妈吃完饭要收拾桌子了，果果又吵着闹着还要吃。好几次，果果妈被气坏了，为什么只一个月没管他，好习惯就全没了？

后来，果果妈才知道，在外婆家的时候，外婆十分宠爱孩子，每次吃饭，都得哄着果果，他想做什么就做什么，总之不愿意让果果受一点儿委屈。开始的时候，外公还提醒外婆：这样不好。可外婆却说："他还小，知道什么呀，由他去吧。再说，咱们都是入了半截土的人了，还能陪他几年呀。"听了老伴儿的话，外公也就不再坚持了。最后就是果果被两位老人宠坏了。

为了扭转果果的不良行为，果果妈加大了对他的引导，要求他必须在规定的时间内吃饭，如果到点了没有吃完，就会收拾桌子，不给他留。如果他饿了，就只能饿着。开始的时候，果果也反抗过，后来发现妈妈动真

格的，也没了辙，渐渐地就改了过来。

"孩子还小，等他们长大懂事了，再给他们定规矩也不迟。"不少家长存在这种观点，事实证明，给孩子立规矩，越早越好。规矩立得越晚，越容易引起孩子的反感，引发亲子之间的战争。就像案例中的果果，原本吃饭习惯很好，可是由于外公外婆的这种错误思想，不加以约束和管教，导致果果出现了不良行为，让妈妈再次耗费时间和精力去纠正果果的不良行为。

不得不说，有些人总是戴着有色眼镜来看待"规矩"，其实，它并不是机械、简单地要求孩子不做什么、应该做什么，而是为了在和谐的状态中达到让孩子养成良好习惯的目的。如果父母觉得孩子做得有些过分，却只在他们逾越界限后才想起来给他们划定界限、制定规矩，着实不妥。因为之前你给孩子太多的自由，现在要约束他们，必然会引起他们的抗议。所以，正确看待规矩，尽早花心思让孩子懂规矩、守规矩，以后教育孩子就会轻松很多，能省下不少时间和精力。

方法一：不要在该给孩子立规矩的时候选择放纵

一个孩子正确的成长轨迹应该是这样的：越长大，父母越要放手。也就是说，小的时候给孩子定下的规矩越多，他们越容易形成一套属于自己的行为处世的方法，随着他们逐渐长大，父母要信任他们，放手让他们成长起来。就像龙应台在《目送》中说的："我慢慢地、慢慢地了解到，所谓父女母子一场，只不过意味着，你和他的缘分就是今生今世不断地在目送他的背影渐行渐远。你站在小路的这一端，看着他逐渐消失在小路转弯的地方，而且，他用背影默默地告诉你：不必追。"

一次，我到一位朋友家做客，无意中看到他们家墙上贴着几张A4纸打印的家庭守则，内容涉及生活的方方面面，很详细。我问朋友，朋友说："这些规矩主要是给孩子定的。"

我很好奇，又问："你家孩子今年多大了？"

"13。"

我更纳闷了。"都13岁了，你们怎么还要求他早晚认真刷牙，起床叠被子？"

朋友说："不要求不行了，现在他是牙刷不干净；被子胡乱叠一下就算了事。"

"之前你们怎么不早点儿要求他呢？"

"现在国家不是都提倡减负了么，我们也觉得孩子的童年就应该是玩，所以疏忽了对他的约束。"

听了朋友的话，我无奈地笑了笑。玩确实是孩子的天性，可不能把玩和给孩子定规矩一刀切。认真刷牙、把被子叠整齐这些本该在幼儿园期间遵守的规矩，如今孩子都13岁了，还在被父母要求执行好，说起来实在就有点可笑了。通过这件事我也领悟到了一点，那就是除了给孩子立规矩之外，孩子越小，越要教他们注意细节，这样一来，之后的教育就会事半功倍。

套用当下一句流行的话警醒所有父母：千万不要在该给孩子立规矩的时候选择放纵。

方法二：给孩子立规矩，最晚从2岁时开始

对儿童心理进行研究发现，通常情况下，2岁以前的孩子缺乏安全感，因此0~2岁这个年龄段，父母要全身心、无条件地关爱孩子、呵护孩子。2岁以后，孩子开始尝试探索，自主能力逐渐提高，并且能够初步具备一些简单的行为判断能力。所以说，给孩子立规矩，培养孩子的规矩意识，最迟不得晚于2岁。

我仔细回想了一下，女儿2~6岁时我给她立规矩的情况，大概如下：

2岁的时候，我要求她：能够自己吃饭、喝水，饿了、渴了能够表达出来……

3岁的时候，我要求她：能够自己整理书架，控制玩游戏的时间……

4岁的时候，我要求她：能够自己管理情绪，跟小朋友们友好相处……

5岁的时候，我要求她：能够自己洗自己的袜子，帮我做简单的家务……

6岁的时候，我要求她：能够背诵简单的唐诗宋词，懂得关爱老人……

现在想想，女儿自从上了小学之后，无论生活还是学习上，我都没怎么操过心，而这得益于我之前对女儿制定规矩，并且她坚持执行下来。所以，现在我们家的墙上虽然也贴着一些家庭规则、行为规范，可是远没有别人限定的那么多。

总之，2岁是给孩子树立规矩意识的最佳时期，如果你的孩子2岁前，你疏于培养他的规矩意识，那么从现在开始，一定不能忽视了这一阶段。

没有教不好的孩子，只有不会教的父母：
这样定规矩，孩子不会抵触

误区 3：只有言教无需身教，孩子慢慢就学会了

我国传统家庭教育观念是以父母为主体，父母具有权威性，因此更多的是父母向孩子说教，让孩子照着父母的意思做事。随着社会的进步和发展，教育理念也不断更新、完善，如今的家庭教育观念则侧重父母言传身教，即父母既要给孩子讲道理，还要起到榜样和示范作用，二者缺一不可，而且身教比言传更重要。

洋洋从小活泼好动，说话做事还喜欢模仿大人。看到妈妈打扫房间，她总会抢着干，虽然扫完地后地面上还是有灰尘、桌子擦得也不是特别干净，但是看着她帮忙干活的样子，妈妈十分开心。

星期天，妈妈带着洋洋去外婆家吃饭。饭后，妈妈对洋洋说："外婆年纪大了，你帮妈妈一起收拾桌子、洗碗吧。"听了妈妈的话，洋洋爽快地答应了。于是妈妈找来围裙给她系上，洋洋像模像样地挽起袖子收拾碗筷。妈妈告诉她，盘子碗容易碎，万一摔碎了容易伤到自己，于是教她怎么收拾桌子更省时省力，然后又教她怎样才能把碗洗干净。虽然收拾的时间花费了半个多小时，但经过洋洋的努力，盘子和碗终于被她洗得干干净净的了。妈妈开心地冲洋洋伸出了大拇指，表扬她，洋洋受到鼓舞，只要有机会，就主动要求洗碗。

有一次我带女儿去公园玩，女儿自己玩自己的，我打算去广场旁边的凉亭里看书。刚坐下，正好她们娘俩儿过来，只见洋洋快跑几步过来，将小书包放到椅子上，然后从书包里掏出卫生纸，认真地擦了几下，然后再

让妈妈坐下休息。我跟洋洋妈打招呼,告诉她很少有孩子像洋洋这样懂得给妈妈擦座位的。洋洋妈笑着说:"我没给她提出过这样的要求,是有一次我带着她跟她奶奶过来玩,她看到我给她奶奶擦座位了,就记在心里了。"

父母是孩子的第一任老师。父母的一言一行,时时刻刻在影响着孩子,并在他们的内心印上很深的烙印。如果想让自己的孩子品行端正,举止有礼,爱学习,爱劳动,父母首先要从自身做起,除了说教,还应该切实做到遵守各项生活规则并严格执行,给孩子起到示范的作用。

方法一:在生活中严格要求自己

父母对孩子的影响是巨大的,如果想最大化地发挥自己的作用,就要在生活中严格要求自己。孩子耳濡目染、受到潜移默化的影响,自然就会信赖和尊敬父母。

我的高中同学王倩在一所中学教语文,同时兼做班主任,在我的印象中,她就是一个对自己严格要求的人。上高中的时候,她每次做完了作业,都要认认真真从头到尾检查一遍,所以她的学习成绩从来都是班里前五名;而且我记得当时她总是把课桌上的书本摆放得整整齐齐的。一次高中同学聚会,闲聊时,她告诉我们,她每天早上准时6点半到校,跟学生们一起晨读;每天除了上课、备课,她还会抽时间看报纸、读书,时间充裕点的话,她就绕着操场跑半个小时;每天晚饭只吃蔬菜不吃荤……

后来,从其他同学的口中,我得知,王倩的女儿小颖比我女儿大一岁,也在上小学。小颖深受王倩的影响,每天早上6点起床,洗漱、吃过早饭后,她就自己在书桌前预习功课,到了上学的点,爸爸先送她去上学,然后再去上班;下午放学回来,小颖先复习当天老师讲的知识,全都掌握之后再开始做作业;晚上8点半准时上床睡觉,保证充足的睡眠。

由此不难发现,父母的身教比言传更容易在潜移默化中影响自己的孩子。

所以说，培养孩子规矩意识的时候，父母一定要说到做到、严格要求自己，尤其是给孩子制定规矩后，父母只有按规矩行事，孩子才没有理由违背。

作为父母，如果你还沉浸在传统的旧家庭教育观念中，从现在开始，请进行调整，因为你的一点点改变，有可能换来孩子100%的优秀。

方法二：只有正己，才能化人

想让孩子怎么做，父母一定要先做到。

被誉为"德国教师的教师"的著名教育家第斯多惠曾说过："只有当你不断地致力于自我教育的时候，你才能教育别人。"我国古代教育家孔子也说："欲教子先正其身。"孩子刚出生，都是纯真无邪的，父母日常的一举一动都会给他们留下深刻的印记，然后"习于善则善，习于恶则恶"。假如父母懒得学习、懒得动脑，即便说再多的"要好好学习，善于思考"，也不会对孩子起到有效作用。

老公的一个同事叫李强，平时喜欢抽烟、喝酒，平均每天两盒烟、三两酒，而且不管什么样的聚会，每次都属他抽得多、喝得多。为了他的健康，亲朋好友都劝他少抽烟、少喝酒，可他根本不听劝。在家的时候，他给儿子定了个规矩，不准儿子抽烟、喝酒，说他年龄小，抽烟喝酒会影响他的身体发育。

李强的儿子今年上初三，马上面临中考，学习压力自然不必说。有一次，可能为了缓解压力，李强放学后偷偷地跟同学在外面抽了烟，回到家，李强的媳妇在给儿子洗衣服的时候发现他衣服上有烟味。

晚上，李强的媳妇告诉了李强。没想到李强一听就火了，指责儿子，并跟儿子大吵了一架。儿子反驳他说："你不让我抽烟、喝酒，你自己不天天离不了它们吗？你都管不住自己，凭什么管我？再说，我就今天抽了一根，又不是犯了什么十恶不赦的大错，你至于发这么大火吗？"

为了儿子不误入歧途，夫妻俩进行了一次深入的沟通，幸好李强还算是个明白人，为了儿子的前途，他向妻子保证戒酒戒烟。

有一次，李强来我家找我老公，聊天时他说已经戒了烟和酒。听他这么一说，我着实感到吃惊。可是，他却说出了这样一句话："如果就我一个人，抽、喝也就无所谓了，可是我还有老婆孩子，我确实不能不替他们着想。尤其是我儿子，我必须为他做个好榜样。"

一向嗜酒的李强都能为了儿子、为了家庭下决心改变自己，并且他成功地做到了，他的精神和做法确实值得每个父母学习。

父母对孩子的影响深远，如果想纠正孩子的行为，除了给他们制定规矩，还要反思自己、纠正自己。如果身为父母自己都做不好，就不要妄图让孩子照你说的做了。

没有教不好的孩子，只有不会教的父母：
这样定规矩，孩子不会抵触

误区 4：为了取悦孩子，牺牲规则

父母给孩子制定了规则，就要鼓励并监督他们坚决执行，千万不能为了取悦孩子而置规则于不顾，那样的话，不仅会浪费之前制定规则的良苦用心，也不利于孩子的成长。

环环今年4岁，妈妈最愁的就是带她出去玩，因为只要她一看到自己喜欢的玩具，就走不动了，总嚷嚷着要买。只要不给她买，她就耍赖、哭闹。为了解决这个事儿，爸爸妈妈绞尽脑汁，想了各种办法都行不通，最后他们给环环定了一个规矩：一周只能买一个玩具。

一天，妈妈带环环去商场。一进门，环环就看上了一个玩具，爱不释手。妈妈表情严肃地说："昨天爸爸才给你买了玩具，咱们不是说好，一周只能买一个玩具了么，所以今天不能买，得等着下周再说了。"环环看了看妈妈，低下头，答应着："嗯。"逛完商场要走的时候，环环又看到自己喜欢的那个玩具，还是要妈妈给她买。妈妈对她说："你怎么又忘了，我们规定好的，一周只能买一个玩具。"说完要领着环环走，没想到，环环委屈地哇哇大哭。看着女儿的样子，妈妈心疼了，想了想，无奈地说："好吧，不哭了，我给你买。不过就只能破例一次啊，下次可不能这样了。"说完，就掏钱把这个玩具买了下来。

现在很多家庭只有一个孩子，所以对孩子提出的要求能满足的都会尽量满足，像环环妈这样，一看到孩子哭闹就会心疼，然后向孩子妥协。其实，这样

· 236 ·

的做法是错误的！当环环提出要再买玩具的时候，妈妈本来应该说"不"，可是她最终因为不忍心、心疼孩子而妥协了。对此，我想说的是，规则既然已经定了，就不能无故破坏，牺牲规则取悦孩子的行为，等于在告诉他们：父母给他们制定规矩不过是说说而已，没什么大不了的。

所以，父母在给孩子制定好规则后，一定要贯彻执行，绝对不能因为孩子的无理取闹就轻易破坏。

方法一：即使再爱孩子，也要让孩子守规矩

就算孩子再可爱，父母再爱他，也一定要明白：孩子都有不好的习惯，如果想改变这些，给他们立规矩并严格执行，悉心引导，这样做才是真的爱孩子，因为他们因此而享受到更多的快乐。

清明节的时候，我带女儿去北京八达岭长城。登长城的时候，我看到一个头发有些花白的老大爷坐在旁边的台阶上，满头大汗。不远处一个六七岁的男孩儿冲他喊："爷爷你怎么还坐下了，快点跟上啊！"

老人上气不接下气地说："乖孙子，你让我歇会儿咱们再走，我实在走不动了。"

男孩儿不听，跑到老大爷身旁，抢过老大爷刚从书包里掏出的半瓶矿泉水，咕嘟咕嘟自己喝起来，一眨眼就喝完了，然后把空瓶抛出了城墙外。

老大爷无奈地说："咱们带的水不多，我说不来，你偏不听，现在水都让你喝了，不如咱们回去吧。"

男孩儿不高兴了："那怎么行，不到长城非好汉，咱们怎么也得爬到顶啊。"

爷孙俩就一直在那儿僵持着……

爱孩子无可厚非，但是不能让他们轻视规则，尤其是尊老爱幼、爱护环境。如果打着爱的名义而让孩子不受规矩的制约，那最终受害的不是家长，而是孩子，以及孩子的孩子……

孩子从楼梯上猛冲下来，即使可能不会受伤，也要及时警告他们下次坚决不能再这样做；

孩子在公园里摘花踏草，即使你很喜欢他们为此兴高采烈的样子，也要立刻制止；

孩子上课注意力不集中，即使你不看重孩子的学习成绩，也要提醒他们保证充足的睡眠，上课认真听讲；

……

总之，如果你真的爱你的孩子，那就请让他们从懂规矩、守规矩做起吧！

方法二：尊重孩子的想法和选择

我们经常会对一个外人表示尊重，却往往做不到尊重自己的孩子。实际上，每个孩子对尊重的渴望不亚于我们，当他们做出的选择得到了我们的肯定，多半会信赖我们，以后我们说的话，他们也会愿意听。

有一位妈妈，为了提高孩子的英语成绩，她给孩子定了个规矩，要求孩子比平时早起，诵读英语半个小时。可是，孩子却不同意，因为他希望这半个小时的朗读放在晚上，早上可以多睡会儿。妈妈却一门心思地认为，早上的诵读效果才是最好的。双方各不退让，结果孩子开始讨厌英语，成绩怎么都上不去。

为了让孩子对老人尊重，爸爸对儿子说："你要懂得尊敬爷爷奶奶，只要是他们提出的要求，你都要尽力满足，或者给他们提供帮助。"有一天，儿子为了迎接期中考试，正在屋里抓紧时间做测试题，爸爸切了个西瓜，非要让儿子给老人端过去。儿子不耐烦地说："你闲着没事干，宁肯看电视也不自己端过去，我马上就要考试了，多点时间复习功课不行啊？"爸爸笑了笑，说："好，看我怎么给你做个好榜样啊！"儿子扑哧一声笑了。

亲子关系相处好与不好的例子，相信每个父母都遇到过或者听说过。所以，当自己和孩子出现意见分歧的时候，你会选择怎么处理呢？最佳方式就是在尊重孩子想法和选择的同时,寻求一个满足双方意愿的解决办法。也就是说,在为孩子定规矩的时候,要以尊重孩子为前提,约定他们要怎么做、不能怎么做,奖惩措施也要明确,不要最后因为孩子违规而批评他们的时候,让他们感到稀里糊涂的。

本章小结

★ 不怕孩子犯错，但是如果他们犯的是原则性的错误，父母一定不能听之任之，要及时纠正和引导，防止孩子误入歧途，反过来还会责怪父母。

★ 常言说："三岁看大，七岁看老。"这是被无数实践验证的一条真理。所以不能因为孩子年龄小就帮他们推脱，而要教导他们，让他们学会为自己做的事承担责任。

★ 父母首先要从自身做起，除了说教，还应该切实做到遵守各项生活规则并严格执行，给孩子起到示范的作用。

★ 规则既然已经定了，就不能无故破坏，牺牲规则取悦孩子的行为，等于在告诉他们：父母给他们制定规矩不过是说说而已，没什么大不了的。